歴史文化ライブラリー

41

日露戦争の時代

井口和起

吉川弘文館

目次

「君死にたまふこと勿れ」をめぐって

「旅順口包囲軍の中に在る弟を歎きて」

日露戦争のさなか、一九〇四年（明治三十七）の『明星』九月号に与謝野晶子は、戦場に向かった弟を想いやり、「君死にたまふこと勿《なか》れ（旅順口《りよじゆんこう》包囲軍の中に在る弟を歎きて）」を発表した。

「あゝをとうとよ君を泣く／君死にたまふことなかれ」ではじまる有名なこの詩は、その第一連で「末に生れし君なれば／親のなさけはまさりしも／親は刃《やいば》をにぎらせて／人を殺せとをしへしや／人を殺して死ねよとて／二十四までをそだてしや」と、まずその身を案じて弟によびかける。ついで第二連では、この弟が晶子の生家である堺の商家の跡つぎであればこそ、決して死んではならないといい、「旅順の城はほろぶとも／ほろびずとても何事か／君知るべきやあきびとの／家のおきてに無かりけり」とまでうたう。

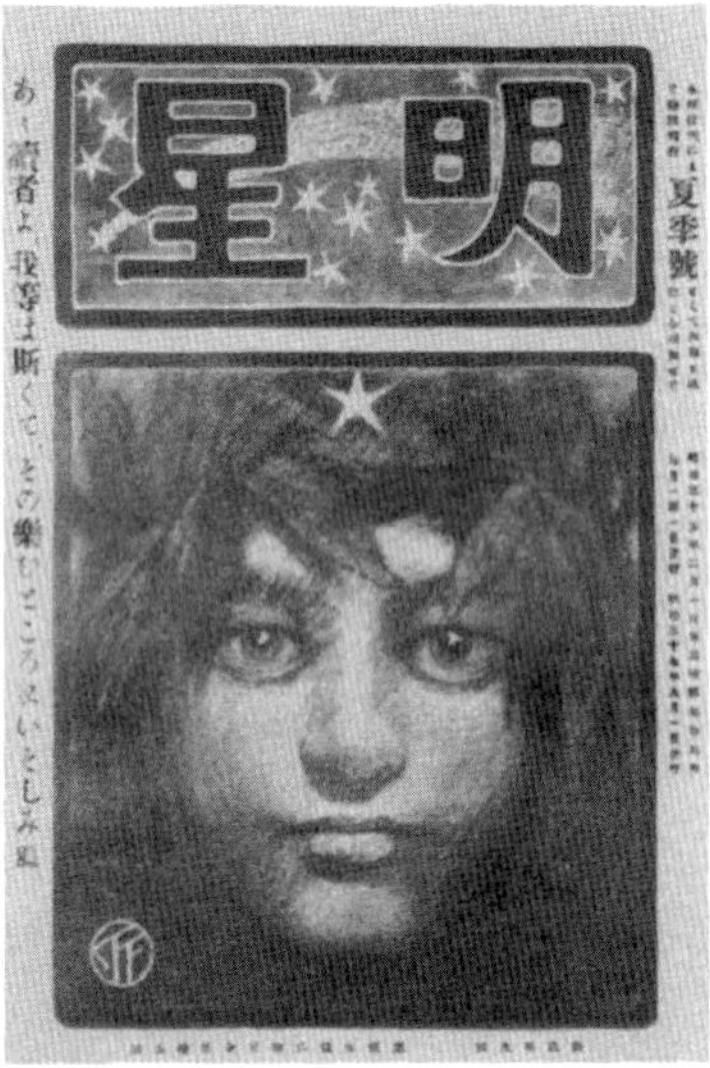

図1　『明星』1904年（明治37）9月号表紙

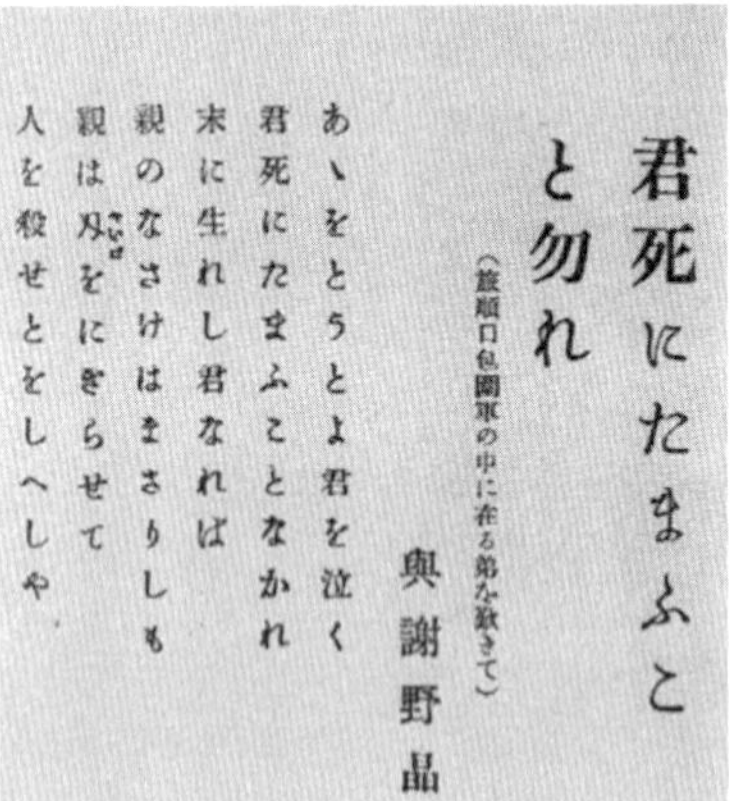

君死にたまふこと勿れ

（旅順口包圍軍の中に在る弟を歎きて）

與謝野晶子

あゝをとうとよ君を泣く
君死にたまふことなかれ
末に生れし君なれば
親のなさけはまさりしも
親は刃《やいば》をにぎらせて
人を殺せとをしへしや、

図2　「君死にたまふこと勿れ」

第三連では一転して「天皇」についてふれる。「すめらみことは戦ひに／おほみづからは出でまさね／かたみに人の血を流し／獣《けもの》の道に死ねよとは／死ぬるを人のほまれとは／大みこゝろの深ければ／もとよりいかで思《おぼ》されむ」。そして第四連では、前年の秋に夫（つまり晶子たちの父）を亡くした母について、「なげきの中にいたましく／わが子を召され家を守《も》り／安《やす》しと聞ける大御代も／母のしら髪《（が）》はまさりけり」とうたい、最後の第五連では、つい先ごろ結婚したばかりであとに残された年若い新妻のことを「十月《とつき》も添はでわかれたる／少女《（をとめ）》ごころを思ひみよ」といい、「この世ひとりの君ならで／あゝまた誰をたのむべき／君死にたまふことなかれ」と弟にくりかえしよびかけて、この詩をむすんでいる。

この年の春、晶子は東京の渋谷村中渋谷三八二番地から同じ中渋谷の三四一番地に引っ越していた。堺の生家をすてて上京し、鉄幹《てつかん》と結婚してから三年ばかりがたっていた。長男、光《ひかる》が一九〇二年（明治三十五）十一月に生まれており、引っ越したころには、七月に生まれる次男、秀《しげる》を彼女は身ごもっていた。

晶子はすでに歌集『みだれ髪』を発表して（一九〇一年八月）、歌人としての道を華々しく歩みはじめていたが、奔放な彼女の生き方を生家の人びとすべてが喜んでいたわけではなかった。一番上の兄、秀太郎は彼女の結婚に反対して兄妹の縁を切っていた。

晶子（本名、志よう）は、堺市（当時、堺県堺区）甲斐町の菓子商、駿河屋の二代目、鳳《ほう》宗七の三女として一八七八年（明治十一）十二月七日に生まれた。この詩に歌われている弟籌三郎《ちゅうざぶろう》は、一八八〇年（明治十三）八月生まれで、晶子より一歳八ヵ月年下だった。母のちがう兄弟もふくめると、一〇人兄弟の六番目で、男のなかでは一番末だった。長男の秀太郎は家をつがないで学問の道に進み、のちに工学博士・東京帝国大学教授となる。次男の玉三郎は若死にし、そのため三男だった籌三郎が鳳家の跡をつぎ、三代目鳳宗七を名乗ることになる。病床の父が、生命あるうちにぜひにも籌三郎の結婚式をみたいというので、彼は数え年十八歳のせいと結婚した。それで安心したかのように父が世を去ったのは、一九〇三年（明治三十六）九月のことだった。残された母は五十六歳。新婦のせいは、この詩が作られたころには身ごもっていて、のちに女の子なつを出産する。

この家族と駿河屋の暖簾《のれん》を守って、懸命に商売にはげむ籌三郎（宗七）に召集令状がきた。晶子の生家、駿河屋は一家の大黒柱を兵隊にとられたのである。

このような家庭事情を念頭に、晶子がこの詩をつくる個人的動機を論じた入江春行氏はつぎのように述べている。「姉として、死に直面した弟の運命を嘆かない者はあるまいが」晶子のこの詩の場合は、「単に弟を嘆くという一般論よりも押しつけられた運命に従って生き、そして死んで行くさだめを持った弟に対する歎き、そしてその責任の一半が家を捨てた自分にもあるという自責の念、そういうものを考えてみるべきではなかろうか」。このような晶子をとりまく「個人的事情」がモチーフとなって作られた詩が、「勢いの赴くところ、遂に体制批判にまで行きつくのであるが、こうなることは、それがもともと小市民的な厭戦感情に根ざしたものであるにしても、やはり時代の一面と無関係ではなかろう」（入江春行『与謝野晶子の文学』）。

「まことの心」を「まことの声」に

晶子がこの詩を発表したとたん、当時、文芸批評や評論などで名を知られていた大町桂月《おおまちけいげつ》が雑誌『太陽』（一九〇四年十月号）の「文芸時評」欄ではげしく非難した。桂月はいう。「戦争を非とするもの、夙《つと》に社会主義を唱《とな》ふるもの〻連中ありしが、今又之《これ》を韻文に言ひあらはしたるものあり。晶子の『君死にたまふこと勿れ』の一篇、是也」「草莽《そうもう》の一女子、『義勇公に奉すべし』とのたまへる教育勅語、さては宣戦詔勅を非議す。大胆なるわざ也」「家が大事也、妻が大事也、国は亡びてもよし、商人は戦ふべき義務なしと言ふは、余りに大胆すぐる言葉也」と。

晶子はこの非難に応えて、『明星』（一九〇四年十一月号）に「みだれ髪」の名で「ひらきぶみ」を発表して反論した。

桂月様の御評のりをり候に驚き……勿体なきことに存じ候。さは云へ出征致し候弟、一人の弟の留守見舞に百三十里を帰りて、母なだめたし弟の嫁ちからづけたしとのみに都を離れ候身には、この御評一も二もなく服しかね候……あれは歌に候。この国に生れ候私は、私等は、この国を愛で候こと誰にか劣り候べき……平民新聞とやらの人達の御議論などひと言ききて

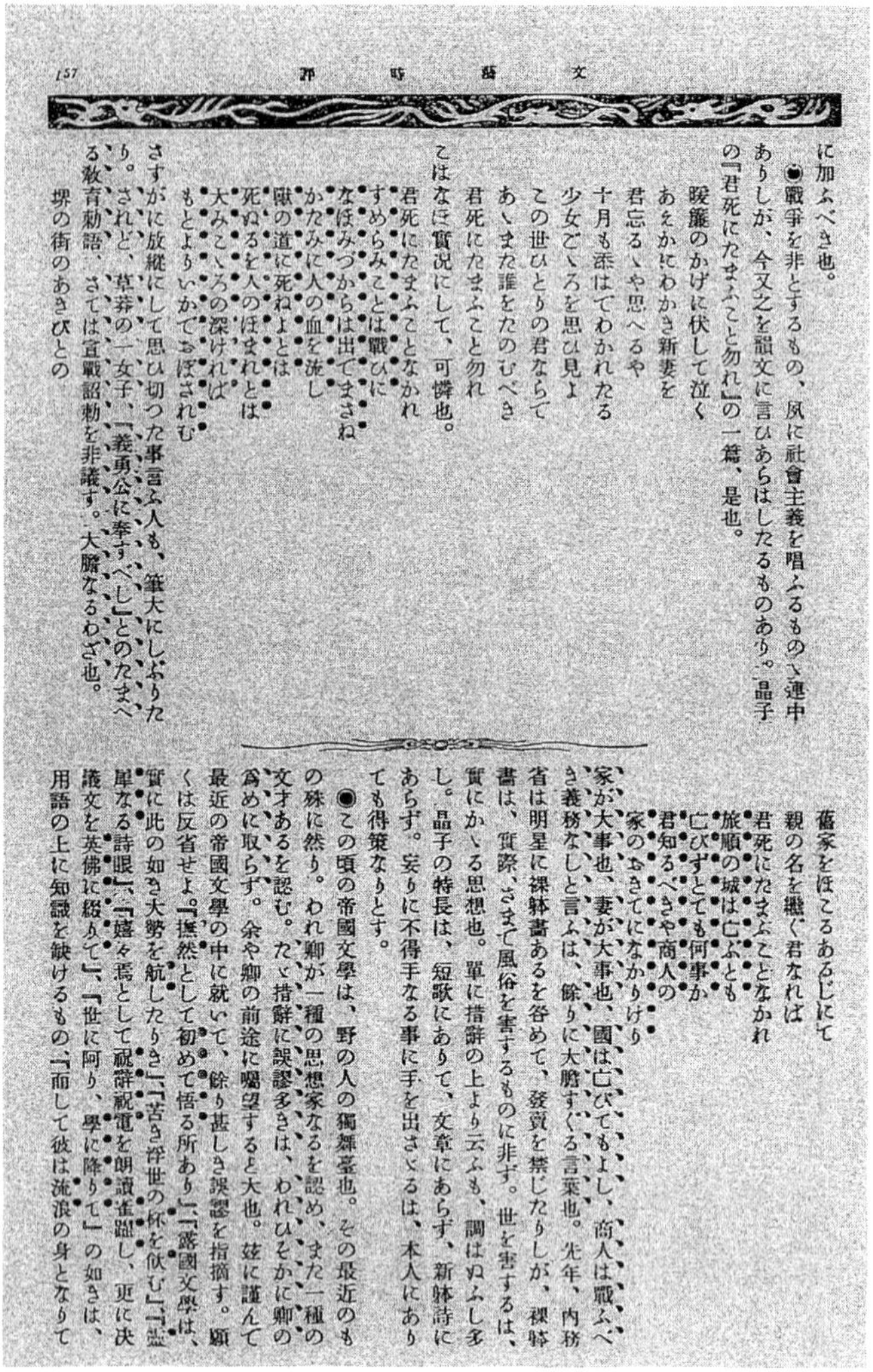

に加ふべき也。

◉戰爭を非とするもの、夙に社會主義を唱ふるものゝ連中ありしが、今又之を韻文に言ひあらはしたるものあり。晶子の『君死にたまふこと勿れ』の一篇、是也。

暖簾のかげに伏して泣く
あえかにわかき新妻を
君忘るゝや思へるや
十月も添はてわかれたる
少女ごゝろを思ひ見よ
この世ひとりの君ならで
あゝまた誰をたのむべき
君死にたまふこと勿れ

とはなほ實況にして、可憐也。

君死にたまふことなかれ
すめらみことは戰ひに
おほみづからは出でまさね
かたみに人の血を流し
獸の道に死ねよとは
死ぬるを人のほまれとは
大みこゝろの深ければ
もとよりいかでおぼされむ

さすがに放縱にして思ひ切つた事言ふ人も、筆大にしぶりたり。されど、草莽の一女子、『義勇公に奉すべし』とのたまへる敎育勅語、さては宣戰詔勅を非議す。大膽なるわざ也。

堺の街のあきびとの
舊家をほこるあるじにて
親の名を繼ぐ君なれば
君死にたまふことなかれ
旅順の城は亡ぶとも
亡びずとても何事か
君知るべきや商人の
家のおきてになかりけり

家が大事也、妻が大事也、國は亡びてもよし、商人は戰ふべき義務なしと言ふは、餘りに大膽すぐる言葉也。先年、內務省は明星に裸體畫あるを咎めて、發賣を禁じたりしが、裸體畫は、實際、さまで風俗を害するものに非ず。世を害するは、實にかゝる思想也。單に措辭の上より云ふも、調はぬふし多し。晶子の特長は、短歌にありて、文章にあらず、新體詩にあらず。妄りに不得手なる事に手を出さゞるは、本人にありても得策なりとす。

◉この頃の帝國文學は、野の人の獨舞臺也。その最近のもの殊に然り。われ卿が一種の思想家なるを認め、また一種の文才あるを認む。たゞ措辭に誤謬多きは、われひそかに卿の爲めに取らず。余や卿の前途に囑望すると大也。茲に謹んで最近の帝國文學の中に就いて、餘り甚しき誤謬を指摘す。願くは反省せよ。『憮然として初めて悟る所あり』、『露國文學は、實に此の如き大勢を航したりき』、『苦き浮世の杯を飲む』、『盃犀なる詩眼』、『嬉々焉として祝辭祝電を朗讀雀躍し、更に決議文を英佛に綴りて』、『世に阿り、學に降りて』の如きは、用語の上に知識を缺けるもの、『而して彼は流浪の身となりて

図 3　大町桂月の批判文（『太陽』1904年10月号）

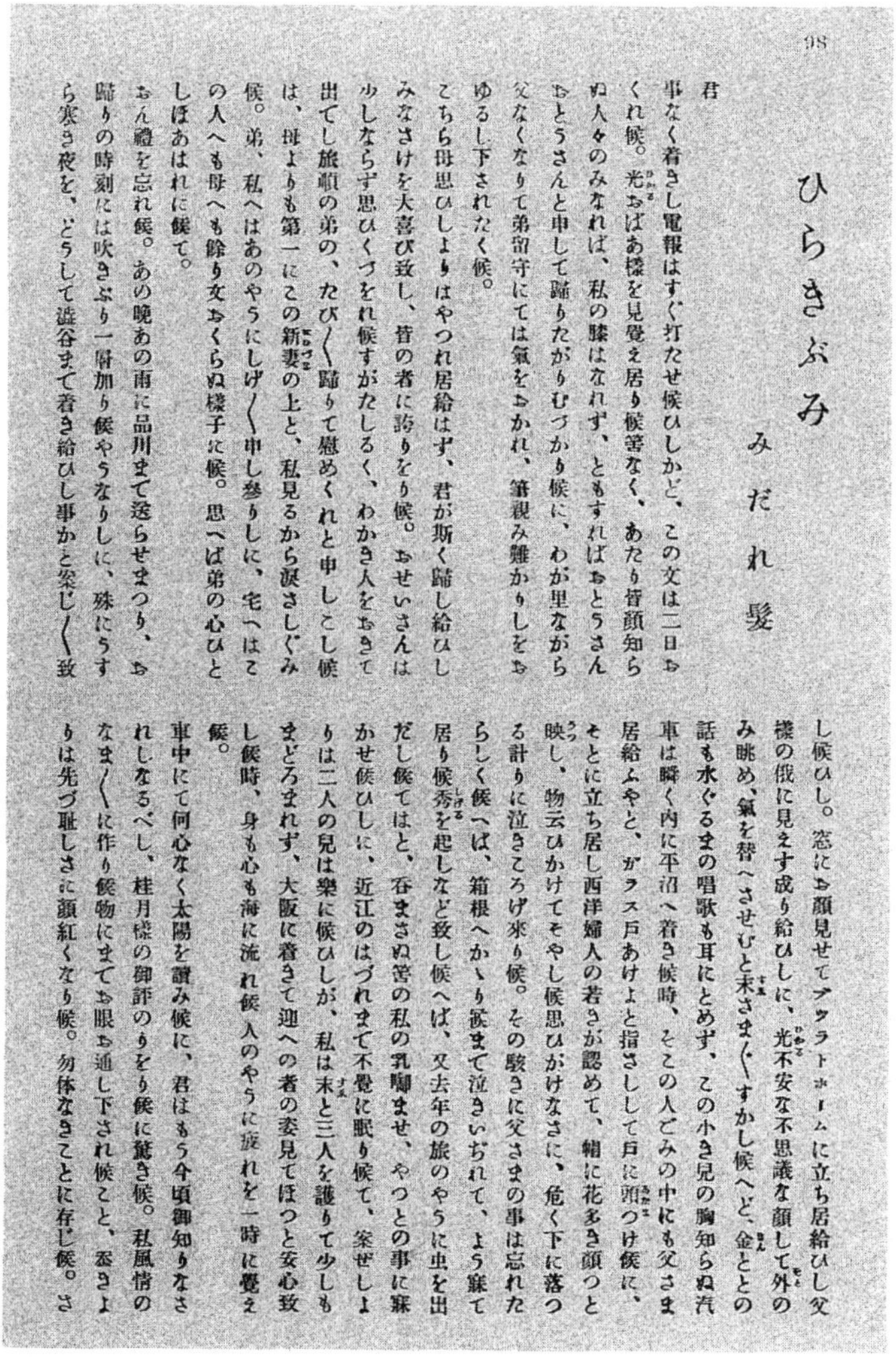
98

ひらきぶみ

みだれ髪

君

事なく着きし電報はすぐ打たせ候ひしかど、この文は二日おくれ候。光《ひかる》おばあ樣を見覺え居り候筈なく、あたり皆顔知らぬ人々のみなれば、私の膝はなれず、ともすればおとうさんおとうさんと申して蹄りたがりむづかり候に、わが里ながら父なくなりて弟留守にては氣をおかれ、箸親み難かりしをおゆるし下されたく候。

こちら母思ひしよりはやつれ居給はず、君が斯く蹄し給ひしみなさけを大喜び致し、皆の者に誇りをり候。おせいさんは少しならず思ひくづをれ候すがたしるく、わかき人をおきて出てし旅順の弟の、たび／＼蹄りて慰めくれと申しこし候は、母よりも第一にこの新妻《にいづま》の上と、私見るから涙さしぐみ候。弟、私へはあのやうにしげ／＼申し參りしに、宅へはこの人へも母へも餘り文おくらぬ樣子に候。思へば弟の心ひとしほあはれに候て。

おん禮を忘れ候。あの晩あの雨に品川まで送らせまつり、お蹄りの時刻には吹きぶり一層加り候やうなりしに、殊にうすら寒き夜を、どうして澁谷まで着き給ひし事かと案じ／＼致し候ひし。窓にお顔見せてプラットホームに立ち居給ひし父樣の俄に見えず成り給ひしに、光《ひかる》不安な不思議な顔して外《そと》のみ眺め、氣を替へさせむと末《すゑ》さま／＼すかし候へど、金《きん》ととの話も水ぐるまの唱歌も耳にとめず、この小さき兒の胸知らぬ汽車は瞬く内に平沼へ着き候時、そこの人ごみの中にも父さま居給ふやと、ガラス戸あけよと指さしして戸に額《ひたひ》つけ候に、そとに立ち居し西洋婦人の若さが認めて、帽に花多き顔つと映《うつ》し、物云ひかけてそやし候思ひがけなさに、危く下に落つる計りに泣きころげ來り候。その駭きに父さまの事は忘れたらしく候へば、箱根へかゝり候まで泣きいぢれて、よう寢て居り候秀《しげる》を起しなど致し候へば、又去年の旅のやうに虫を出だし候てはと、呑ませぬ筈の私の乳啣ませ、やつとの事に寐かせ候ひしに、近江のはづれまで不覺に眠り候て、案ぜしよりは二人の兒は樂に候ひしが、私は末《すゑ》と三人を護りて少しもまどろまれず、大阪に着きて迎への者の姿見てほつと安心致し候時、身も心も海に流れ候人のやうに疲れを一時に覺え候。

車中にて何心なく太陽を讀み候に、君はもう今頃御知りなされしなるべし、桂月樣の御評のりをり候に驚き候。私風情のなま／＼に作り候物にまでお眼お通し下され候こと、忝きよりは先づ耻しさに顔紅くなり候。勿体なきことに存じ候。さ

図4　「ひらきぶみ」

身ぶるひ致し候。さればとて少女と申す者誰も戦争《いくさ》ぎらひに候。御国のために止むを得ぬ事と承りて、さらばこのいくさ勝てと祈り、勝ちて早く済めと祈り……私等が及ぶだけのことをこのいくさにどれほど致しをり候か……私が『君死に給ふこと勿れ』と歌ひ候こと、桂月様太相危険なる思想と仰せられ候へど、当節のやうに死ねよ〳〵と申し候こと、又なにごとにも忠君愛国などの文字や、畏《おそれ》おほき教育御勅語などを引きて論ずることの流行は、この方却《かえつ》て危険と申すものに候はずや……歌は歌に候。歌よみならひ候からには、私どうぞ後の人に笑はれぬ、まことの心を歌ひおきたく候。まことの心うたはぬ歌に、何のねうちか候べき（出征兵士を見送る渋谷や新橋の駅に桂月様も立つてみられよ。）見送の親兄弟や友達親類が、行く子の手を握り候て、口々に『無事で帰れ、気を附けよ』と申し、大ごゑに『万歳』とも申し候こと、御眼と御耳とに必ずとまり給ふべく候……かく申し候は悪ろく候や。私思ひ候に、『無事で帰れ、気を附けよ、万歳』と申し候は、やがて私のつたなき歌の『君死に給ふこと勿れ』と申すことにて候はずや。彼れもまことの声、これもまことの声、私はまことの心をまことの声に出だし候とより外に、歌のよみかた心得ず候

「まことの心」を「まことの声」に出した反論である。

しかし、桂月は『太陽』の翌年一月号でなおも非難した。「日本国民として、許すべからざる悪口也、毒舌也、不敬也、危険也」といい、「もしわれ皇室中心主義の眼を以《もつ》て、晶子の詩を検

すれば、乱臣なり、賊子なり、国家の刑罰を加ふべき罪人なりと絶叫せざるを得ざるもの也」とまで言った。とはいえ、桂月がまったく政府一辺倒の国家主義者だったかというと、そうでもない。富裕特権階級には激しく非難をあびせ、反権威的で「反骨の批評家」という側面をもっていたともいう（高橋正『評伝大町桂月』）。

一方、晶子の方も、まだこの論争がつづいているさなかに、山川登美子、増田まさ子とともに三人の詩歌集『恋衣』を刊行（一九〇五年一月）し、少し手を加えた「君死にたまふこと勿れ」をそれに収録している。

二十五歳の一女流歌人がうたった詩をめぐる反響のなかに、たしかに日本のこの「時代」の「一面」が象徴的に現れている。

この「時代像」をできるだけ世界史的な視野にたって描き出すことを、この本は目標にしている。

戦争への道程

軍備の大拡張——「仮想敵国」はロシア

弟は旅順攻略軍の中にはいなかった？

ところで、「君死にたまふこと勿れ」の表題の注記に「旅順《りよじゆん》口包囲軍の中に在る弟を歎きて」と書かれているが、実は、晶子の弟は旅順攻略軍のなかにはいなかったのだと書かれているものがある（入江春行『与謝野晶子の文学』、中村文雄『「君死にたまふこと勿れ」』など）。

一方、旅順要塞を攻撃中の日本軍は苦戦し多数の死傷者を出していたが、その第三軍の第四師団第八聯隊の一兵士として鳳籌三郎《ほうちゆうざぶろう》は出征していたとしているものもある（赤塚行雄『決定版・与謝野晶子研究』、海野福寿『日本の歴史』⑱日清・日露戦争など）。

本当のところはどうだったのだろうか。すでに明らかにされている方があれば、失礼をお詫びするほかないが、とりあえず私なりの整理を記しておく。

図5　旅順攻囲戦（日本軍28センチ砲の砲撃）

図6　『ロシア陸軍史』に描かれた旅順攻囲戦

最初に「弟は旅順攻略戦の中にはいなかった」としたのは、丸野弥高氏のようである。氏は「吉橋戒三氏（元陸軍大学校兵学教官）の御教示による」として、要するに、弟が属した大阪の第八聯隊をふくむ第四師団は、第二軍に所属していた。この第二軍は一九〇四年（明治三十七）五月二十六日に南山を占領し、そののち南山からそのまま北上し、旅順攻略戦には参加していない。「旅順口包囲軍」となる第三軍は、第二軍とは別に編成されたものである。だから結論として、「弟は旅順攻略戦の中にはいなかった」というのである。ただ、戦時中の軍の行動は機密事項だったから、「事実を知るよしもない晶子は、うわさのつたわるままに、弟が決死隊につぐ決死隊の激戦を重ねる旅順にあるものと思ってよんだのも無理からぬことであろう」という（丸野弥高「『君死にたまふこと勿れ』と与謝野晶子」東京都私立短期大学協会『第十回委託研究報告書』）。

入江氏や中村氏は、丸野氏のこの指摘から、弟は第二軍の歩兵第四師団第八聯隊にいたはずで、実際には旅順攻略軍のなかにはいなかったことが、近年の研究で明らかにされたとしているのである。もっとも入江氏は同じ本のなかで、司馬遼太郎「昭和五年からの手紙〈長沖一とその世代環境〉」（『中央公論』一九八一年十月特大号）が、「町の者は、この連隊を『三七』と、略してよんでいた」「八連隊が旧摂津国を連隊区にしているに対し、旧河内国が連隊区に入って」いたとしていることから、籌三郎がいたのは第三十七聯隊ではないかとも記している。ただし、司馬氏自身は「『三七』の領域は『堺聯隊区』とよばれていた。堺の『駿河屋』のあととりの若旦那が、日露戦争のとき、旅順攻撃に参加した。その商舗を実家とする与謝野晶子が、攻囲軍の陣中にある弟を想い、『君死にたまふことなかれ』といういわば反戦的な詩をうたったことは有名である」と書いている。

弟は後備歩兵第八聯隊にいた

結論から先にいえば、弟が「旅順攻略軍の中にいた」のは確かである。その所属部隊は「後備第四旅団後備第八聯隊」で、輜重《しちょう》輸卒《ゆそつ》として従軍していた。

大阪読売新聞社編『百年の大阪』第三巻（続）明治時代（一九六七年）には、籌三郎の四男で、当時、堺市中瓦町一の一七で菓子商「駿河屋」をいとなむ鳳祥孝氏の回想談をもとに、つぎのように書かれている。

父・籌三郎は当時二十四歳でした。祖父が死んで、早稲田を中退したばかりで、おまけに新婚ホヤホヤでした。……菓子屋のほかに糸屋もやっておりましたんで、いそがしおました。たった一人の男手に赤紙がきよりましたわけで、ひっくり返るような騒ぎになりました。晶子にも、すぐたよりを出したそうです。

籌三郎は後備歩兵第八聯隊の一員として淡路島で訓練をうけたあと、宇品をへて旅順にむかった。現地では「学士さま」のレッテルと、字が書ける「特技」とで戦闘には加わらず、将官の書記役をつとめた。「なんと字を知らん兵隊が多いねんやろ」というのが「父親の日露戦争評でした」。

丸野氏が吉橋氏の指摘を受けて書いたように、たしかに大阪の歩兵第四師団は、第二軍に編成されている。第四師団が旅順攻略戦にむかってはいない。しかし、大阪ではこのあとすぐに「後備第四旅団」が編成され、この部隊は旅順攻略のための第三軍に加えられている。籌三郎が応召したのはこの旅団の後備第八聯隊である。だから晶子がお産を前にして記した「産屋《うぶや》日記」の六月二十四日のくだりで、「宇品《うじな》たちし弟、今日も浪の上にや。一週ばかり前広島より、死と云ふ事の美しく嬉しき由あまた書きこせし、魂なかばそが胸に残して別れこし人とも、この世ならで逢はむなどさへありき」と書き、これに対して自分は「されど唯一つ親子は一世のえにしなるを思ひ給へ、八月に初声あぐる人を必ず抱きやらむと念じ給へ、まして母世におはすを想へば悲しからずやと」と返事を書いたと記していることと時間的な経過にくいちがいは生じない。もし第二軍のなかにいたら、この日記にあるように六月に広島から晶子宛に手紙を送れるはずはない。

「君死にたまふこと勿れ」の注記が事実であったかどうかに、少しこだわりすぎたかもしれない。しかし、ここに記したような誤解や混乱がおこるほどに、日露戦争の兵士の動員は、それまでの日本が経験したことのない規模で、急激におこなわれたことに注目しておきたかったのである。また、一〇年前の日清戦争から日露戦争への歩みのなかで、日本が軍備の大拡張をおこなったことにも、このような誤解や混乱が生まれる一因があった。

仮想敵国は帝政ロシア

日清戦争後の日本は大規模な軍備拡張をおこなった。日清戦争当時の近衛師団と歩兵師団六個とからなる常備兵力をいっきょに近衛師団と一二個師団の兵力に拡大した。つまり常備兵力を二倍に増強した。騎兵や野戦砲兵の聯隊、工兵や輜重兵の大隊なども新しく編成した。当時、ロシアがもっていた常備兵力のうちで、東アジア地域にふりむけることができる陸軍の兵力は一五から一六万と推定し、このロシア軍に対抗するには二〇万の野戦軍が必要で、そのためには平時一四個師団がほしい。これが師団増設の「数的根拠」だった。しかし、経費の制約から一三個師団にしておくというのが当時の軍の考え方だったという（原剛「陸軍の対露軍備拡張」桑田悦編『近代日本戦争史』第1編）。

この結果、日本の陸軍は日露戦争の開戦までに、近衛師団のほかに一二個の常設師団をおいた。それまでの第一師団（東京）、第二師団（仙台）、第三師団（名古屋）、第四師団（大阪）、第五師団（広島）、第六師団（熊本）と、新しくおいた第七師団（旭川）、第八師団（弘前）、第九師団（金沢）、第十師団（姫路）、第十一師団（丸亀）、第十二師団（小倉）とである（カッコ内は師団司令部の所在地）。

新しい第四師団

師団の増設は、それまでにあった師団を再編成しながら、師団を構成する聯隊を数年がかりで新たに組織しておこなわれていく。大阪に師団司令部をおく第四師団を例に具体的に説明するとつぎのようになる。

第四師団は、歩兵第七旅団（歩兵第八聯隊＝大阪と歩兵第九聯隊＝大津）と歩兵第八旅団（歩兵第十聯隊＝姫路と歩兵第二十聯隊＝大阪）との二旅団で編成されていた。そこから第八旅団が、姫路に司令部をおく第十師団を新設するためにひきぬかれる。そうすると一師団をつくる二つの旅団のうち一つがなくなったのだから、新たに一旅団をつくらねばならない。そこで第四師団は、残された第七旅団（歩兵第八聯隊＝大阪と歩兵第九聯隊＝大津）を再編成して二つの旅団にする。一つは第八聯隊を基礎にして別に一つの聯隊をつくり、一旅団にする。もう一つは第九聯隊を基礎にして、新たな一聯隊を加えて、一つの旅団として完成させるというやり方をする。後者は、第九聯隊と新たにつくられた第三十八聯隊（京都）とで歩兵第十九旅団とされ、旅団の司令部は京都におかれた。前者の第七旅団の方は、基礎になる第八聯隊と新しく組織した第三十七聯隊とで一つの旅団として完成させた。こういうやり方で、もとの聯隊ナンバーを基本的には変えずに、新しい聯隊には新しいナンバーをつけていくから、どうにもややこしい印象を受けるが、あまり気にかけないで増設の仕方だけ読みとっていただければよい。

第三十七聯隊創設の経過をみると、まず一八九六年（明治二十九）十二月一日に、これまでの第八聯隊の兵営内で、この聯隊から転出した軍曹や伍長など二八名と上等兵四一名と、和歌山聯隊区からこの日に入営したばかりの「新兵」とで第一大隊を編成し、第三十七聯隊づくりがはじまる。つづいて、一年後の一八九七年十二月一日に、第一大隊から兵卒二五〇名を分割して第二大隊を編成した。そしてこの年の八月には新しい営舎がほぼできあがったので第八聯隊の二個大隊がそこに移転した。ついで翌一八九八年の三月には、姫路の第十師団に編入される第八旅団のうちの第二十聯隊が京都府の福知山へ移転した。そこでそれぞれ空いた旧い営舎に第三十七聯隊がはいる。こうして独立した聯隊としての体裁がようやくととのったので、この年の三月二十四日に第三十七聯隊に軍旗が授与された。そして十二月一日に、新年度入営の「新兵」とすでにおかれていた第一・二大隊から転出した「古兵」とで第三大隊を編成し、第三十七聯隊の編成がいちおう完了した。

師団の増設にふみきった一八九六年三月十四日付の勅令による陸軍管区表では、第八聯隊は大阪聯隊、第三十七聯隊は和歌山聯隊と称された。ただし、新しい第三十七聯隊も聯隊司令部は大阪においている。このうち第八聯隊＝大阪聯隊の聯隊区は当時の大阪市のほか堺市や大阪府下の各郡で、第三十七聯隊＝和歌山聯隊の聯隊区は和歌山県と奈良県南部の吉野郡・宇智郡と兵庫県の津名郡・三原郡つまり淡路島とだった。

のち、日露戦争後の一九〇八年（明治四十一）十月一日に、第三十七聯隊は第七旅団からぬけて、新設の第六十一聯隊（和歌山）とで第三十二旅団（和歌山）を構成した。この時から、第三十七聯隊の聯隊司令部は堺市におかれ、「堺聯隊」と称されることになり、その聯隊区は堺市のほか、大阪府の南部と和歌山県の一部および淡路島とである。つまり第三十七聯隊が「堺聯隊」

といわれるようになったのは、日露戦争後のことである。司馬氏がいうように日露戦争当時から堺市が第三十七聯隊区にはいっていたわけでも、「堺聯隊」といわれていたわけでもない（帝国聯隊史刊行会編『歩兵第三十七聯隊史』参照）。

兵士の徴集

師団組織に編成される兵士たちは徴兵制度によって集められた。

このころの兵役制度では、日本の男性は満二十歳になると徴兵検査を受けることが義務づけられていた。そしてこの検査結果によって、現役に適するとされる甲種・乙種、少し身体的に低位とみなされ国民兵役の要員とされる丙《へい》種、不合格とされる丁《てい》種、さらに「徴兵延期」を言いわたされる戊《ぼ》種などに区分された。

兵役に服さなければならない期間は、陸軍の場合、現役三年（海軍四年）、予備役四年四ヵ月（海軍三年）、後備役五年（海軍五年）で、また、十七歳から四十歳までの国民兵役と補充兵などがあった。

実際の徴集事務のすすめ方にそくして説明するとつぎのようになる。

毎年徴集する現役兵と補充兵との人数は、まず天皇の裁可をへて陸軍大臣がそれぞれの師管（師団の管区）に割りあて、師団長はそれを聯隊区ごとに分けて各司令官におろす。これを受けた聯隊司令官は、聯隊の徴募区とされている市や郡に割りあてる。ここからそれぞれの地域の徴集事務がすすんでいく。まず、町村長の責任でその地域の戸籍簿によって前の年の十二月一日からその年の十一月三十日までの間に満二十歳をむかえる男性を調べあげて「壮丁名簿《そうてい》」をつくり、これをその年の二月二十五日までに郡長に提出する。郡長はそれを点検したのち、とりまとめて聯隊区徴兵署に提出する（市の場合は直接に市長の名でおこなわれる）。これにもとづいてその年の春に徴兵検査が実施され、甲乙丙丁戊などの判定がでる。そして合格者たちの徴集順序をきめる抽選を徴募区ごとにおこない、現役兵・第一補充兵・第二補充兵の三つに分ける。その結果、現役兵とされた者はその年の十二月一日に「新兵」として聯隊に入営して兵営生活を送り、それが終了すると予備役に編入される。予備役や後備役の期間中には、「演習召集」や「簡閲点呼《かんえつてんこ》」を受ける。

一方、現役兵とならなかったものが第一補充兵かまたは第二補充兵とされる。その期間はどちらも現役と予備役との期間を合わせた七年四ヵ月である。現役兵の定数に超過したもののなかから、これも定められた数の第一補充兵がきめられる。この第一補充兵は第一年目に九〇日間の「教育召集」で初歩的な軍隊教育を受ける。戦時に戦列部隊に欠員が生じた場合の補充要員とするためである。第二補充兵は現役と第一補充兵とをのぞいた「超過人員」で、演習召集・教育召集や簡閲点呼の対象とはされない。戦時の臨時編成のときに、後方の兵站《へいたん》部隊である補助輸卒《ゆそつ》隊の輜重《しちょう》輸卒の要員などに予定される者である。そしていずれも先に述べた規定の期間が過ぎると後備役になっていく。

与謝野晶子の弟、籌三郎の場合でいえば、彼は一八八〇年（明治十三）八月生まれであり、一八九九年十二月一日から一九〇〇年（明治三十三）十一月三十日の間に満二十歳をむかえることになるから、一九〇〇年の二月に作成された堺市の「壮丁名簿」にのせられ、この年の春に実施された徴兵検査を受けたことになる。その結果がどのようであったかはわからない。あるいは早稲田に行っていたので「徴兵猶予」になっていたかもしれない。いずれにせよ、日露戦争がはじまったときにはすでに予備役の年齢に達しており、後備第八聯隊の輜重輸卒として従軍したことは先に述べた。

陸軍の戦時編成方式

ところで、こうした徴兵制のもとでいったん戦時にはいると、いわゆる「動員令」によって常設師団に動員が下令される。師団は戦時編成となり、第一線で戦う野戦師団に再編成される。聯隊の定員は戦時編成の定員となり、平時の定員よりもはるかに大きなものになる。平時が一歩兵聯隊一八〇〇名であるのに対して、戦時には二四〇〇名となる。こうした戦時の動員のために、まず充員召集をおこない、その後に欠員が生じた場合に、補充召集をおこなう。また、一常設師団は戦時には一後備歩兵旅団を編成するのが原則となっていた。籌三郎が召集されたのがこれで、第四師団のもとに編成されたから後備第四旅団の後備第八聯隊となる。

日露戦争の場合は、開戦の前年（一九〇三年）十二月に入ったばかりの「新兵」は、まだ四ヵ月の基礎的訓練を修了していない時期に戦時動員状態になったので、計算上では、先の戦時の一歩兵聯隊を編成するためには、予備役のなかから一二〇〇名を召集しなければならなかったことになる。予備役の期間が四年四ヵ月という中途半端な期間にされているのは、こういう事態を念頭においたものである。また、本来は第一線に投入しない原則であった後備歩兵旅団も開戦直後から第一線に投入しなければならなくなった。予想をはるかにうわまわる兵力を必要としたからである。

ここに概略を述べた徴兵や召集などの軍事制度については、大江志乃夫氏の『日露戦争と日本軍隊』など一連の著作に詳しく述べられている。

軍備拡張のもう一つの重点である兵器の近代化についてはのちにふれる。

海軍の拡充

海軍もロシアとの戦争を予想して、大規模な拡張をおこなった。

新たにつくりあげられた海軍力は、日清戦争のころには日本海軍がまったくもっていなかった世界的水準のもので、一万二〇〇〇トンから一万五〇〇〇トン級の一等戦艦六隻と一万トン弱の一等装甲巡洋艦《そうこうじゅんようかん》六隻を中核にした、いわゆる「六・六艦隊」の完成をめざしたものだった。日露戦争開戦当時の日本海軍の総保有トン数はおよそ二六万トンで、日清戦争開戦のころの六万トン弱とは比較にならない戦力に拡充されていた。

この海軍の大拡張は全面的にイギリスにたよっていた。日清戦争後、日露開戦までの間に進水した艦艇四四隻一九万四四七三トンのうち、二七隻一三万三三六七トンつまり七割弱がイギリス製だった。ほかにアメリカ製とイタリア製とがそれぞれ二隻、ドイツ製とフランス製とが各一隻。横須賀と呉とでつくられた一一隻一万七二七五トンは全体の八・九％で、一割にも達していない。とくに戦艦六隻はすべてイギリス製で、一・二級巡洋艦もイギリスを筆頭にすべて外国製である。横須賀や呉では三級巡洋艦や通報艦・砲艦・駆逐艦など、小型の艦艇を建造できただけだった（室山義正『近代日本の軍事と財政』）。ある程度の国内生産の基盤をすでにきずいていた陸軍兵器の場合と大きなちがいがある。

これら陸海軍の大規模な拡張に、日本は国家財政の半分ちかくを毎年つぎこんだ。日清戦争直後の一八九六年（明治二十九）の国家の歳出の総額は約一億六八八五万円で、これは開戦前年の一八九三年の八四六〇万円のおよそ二倍で、戦争中の一八九四年度（一億八五〇〇万円）や一八九五年度（一億七八六〇万円）に匹敵する。一八九七年度以後には二億二〇〇〇万円から三億円ちかくに歳出総額は膨張し、その四〜五割が軍事費にふりむけられている。

また、日清戦争で清国からえた賠償金は総額およそ三億六〇〇〇万円だったが、そのうち日清戦争の戦費へのくりいれや直接の陸海軍拡張費におよそ二億円があてられたのをはじめ、大半が軍事費にふりむけられた。賠償金はイギリスのポンド貨でロンドンにおいて受けとり、そこに預けられる。それをいったん日本の通貨に換算して「償金特別会計」などに組みこむ。そのうえで予算をたて、外国に支払うための基金としても運用した。一八九六年から八年間に合計一七五三万《ポンド》余、償金総額のおよそ四六%をこの基金にあてた。その大半が海軍省経費の支払いとなっている。つまりイギリスからの軍艦購入などにつかわれたのである（高橋誠『明治財政史研究』）。

「世界政策」の時代

ここで、話をいきなり一八七〇、八〇年代のヨーロッパ世界の国際関係に移すことをお許し願いたい。日露戦争にいたる世界政治の特徴と東アジア地域との関係を考えるために必要だと思うからである。

ビスマルクの外交体系

日本が明治維新で近代国家への歩みを開始したのは一八六八年のことである。同じころ、ヨーロッパでその後の世界の動きに決定的な影響をあたえる出来事がおこっていた。一八七〇年から七一年の戦争（普仏戦争）でフランスを圧倒したプロイセンが、その国王ウィルヘルム一世を皇帝とするドイツ帝国を成立させた。同じ年にイタリアも統一を達成した。

新興のドイツ帝国では、宰相ビスマルクがおよそ二〇年間にわたって指導的な役割を演じた。その対外政策の基本路線は、周辺の国ぐにと同盟をむすんでフランスを孤立させながら、ドイツの資本主義を発展させることにあった。

ビスマルクは一八七三年にドイツ・オーストリア・ロシアの三帝同盟を、ついで一八八二年にドイツ・オーストリア・イタリアの同盟を成立させた。三国同盟である。三国同盟はフランスとの対抗を基軸に、他国との戦争をも想定してむすばれた軍事同盟だった。五年期限の秘密条約だったが、その後更新をかさね、一九一五年にイタリアがオーストリアに宣戦布告するまでつづいた。この二つの同盟を軸に、ドイツは一八七〇年代から八〇年代にかけて自国を中心にヨーロッパ諸国と数多くの条約をむすんだ。

ビスマルクの外交体系のもっとも大きな特徴は、衰えをみせてきたオスマン＝トルコ帝国（以下トルコ帝国と略記）の支配から独立しようとする民族のさまざまな動きを、ヨーロッパの列強がそれぞれの影響力の拡大のために利用することを基礎につくりあげたことにあった。これはトルコ帝国がもっていた「帝国支配」の特徴とも関連していた。この帝国の支配は二つの原理をくみあわせた独特のものだった。一つは強大な軍隊と官僚制とによる中央集権的な支配の原理である。もう一つは納税を条件に多くの宗教共同体（ミレット）にかなりの自治権をあたえる「ズィンマ」（保護）の制度で、イスラム世界に伝統的な住民に対する間接支配の原理である。この独特の原理をもつ「帝国」が、「西欧型」の国家や国際関係の原理と接して衰えをみせはじめたとき、この一種の地方分権制は、いちはやく帝国内のエジプトやギリシャの分離・独立の動きとして現れた。バルカン地域ではさまざまな民族の自治や独立を求める運動が表面化した。ヨーロッパの列強はそれぞれの勢力範囲や影響力の拡大をめざしてこれらの動きを利用し、あるいはトルコ帝国に圧力をかけた。そのためこれらの民族の解放をめざす努力はねじまげられ、不充分なかたちをとらざるをえなくなった。民族の自立をめざそうとすれば、ヨーロッパ列強の「帝国主義」に対抗しなければならない時代にはいった（加藤博「オスマン帝国の『近代化』―アラブ世界を中心に―」歴史学研究会編『講座世界史』3など参照）。

一方、トルコ帝国自体も近代国家への脱皮をめざす改革をすすめようとしたが、その努力はおさえこまれてしまった。ミドハト・パシャ宰相の「基本法」と名づけられた憲法が一八七六年十二月に発布され、トルコ帝国はアジアの独立国家のなかで最初に議会政治をとりいれ、翌年三月には第一回帝国議会が開かれた。しかし、その直後にロシアから戦争をしかけられてこの試みは挫折し、戦後は権力を集中したスルタンの専制政治が強まった。帝国の財政は破産し、一八八一年にはヨーロッパ列強の利益代表たちでつくった債務管理委員会の管理下におかれてしまった。トルコ帝国がどうにか崩壊をまぬがれたのは列強の競争が互いに牽制しあったからである（同右）。

第二に、ビスマルクの外交体系はアフリカ分割とも深くむすびついていた。

一八八三年にベルギーがコンゴ川流域を「保護」下におこうとしたことからヨーロッパ列強の

アフリカ分割をめぐる対立が表面化した。事態を打開するために、一八八四年から一八八五年にかけてビスマルクはベルリン会議を開いた。会議にはヨーロッパの主な国ぐに一二ヵ国に加えてトルコ帝国とアメリカ合衆国とが参加した。会議ではベルギーとフランスとポルトガルとがコンゴ地域を分割した。現地住民がまったく参加していないところで、その意志とはまったくかかわりなく、列強がたがいの利害調整のために勝手な線引きをした。重要なことは、今後、領土の「併合」をおこなう場合には、その前提として「実効ある占領」がすでにおこなわれているかどうかを基準とすること、そのことを他の条約調印国に通告するとともに「併合」後も通商や通行の自由を保証しあうことなどを、「領土併合」の「手続き」として確認しあったことである。現地の住民社会の存在を西欧型の国家が存在しないという理由で無視し、強国がその地域に「実効ある占領」をおこなっておりさえすれば自国の領土とできるという論理は、「先占《せんせん》」の法理といわれるものである。列強の武力による分割競争はいっきょにアフリカ全土に拡大した。当時まだ約八割が植民地化されずにいたこの大陸も、その後の一〇年間で分割されつくした（富永智津子「世界分割とアフリカ・東南アジア・オセアニア」歴史学研究会編『講座世界史』5参照）。

ビスマルクがつくった外交体系のもう一つの特徴は、ロシアとイギリスという、この時期のヨーロッパ国際政治のなかの二つの大国の対立と両者の勢力の均衡とを前提にしていたことだった。両大国の力の均衡がやぶれるか、ドイツ自体が強大化して両大国と対等の力をもとうとしはじめると、この体系は必然的にくずれていく運命にあった。

「世界政策」の時代へ

一八八八年六月十五日、二十九歳のウィルヘルム二世がドイツ帝国の皇帝に即位した。この新皇帝がドイツの「世界政策」時代の幕を開く。

ウィルヘルム二世は、一八九〇年三月二十日にビスマルク宰相を罷免した。ドイツみずからが大国化をめざして、ビスマルクの外交体系をうちくだきはじめた。ウィルヘルム二世即位後数年間のドイツの対外政策の新しい路線は「新航路の時代」と名づけられ、帝国の対外政策路線が「世界政策」の時代にはいった画期とされている。

一八七〇年代から九〇年代にかけて、ヨーロッパやアメリカで資本主義は飛躍的に発展した。その結果、フランスやドイツやイタリアやベルギー、アメリカなどが新興の工業国や資本輸出国として登場しはじめた。とりわけドイツ資本主義は急速に発展し、イギリスに競争を挑むまでに成長した。そのことがドイツに「世界政策」を推進させる原動力となった。一八九六年一月十八日、ドイツ帝国建国二五周年記念日にウィルヘルム二世は、「ドイツ帝国は世界帝国となった。世界中いたるところ、わが国民が居住し、ドイツの商品、学術、産業は海を渡り、海外向け商品の額は数十億にのぼる」と演説した。

露仏同盟

ドイツの台頭に対抗して、ロシアとフランスとが急速に接近していった。

一八八八年に五億フラン、翌一八八九年には一九億フランのロシア債券がフランスの銀行

ロシア帝国
スウェーデン
ドイツ
オーストリア＝ハンガリー
オスマン＝トルコ
アフガニスタン
清国
朝鮮
サハリン
(ロ)
日本
ペルシア
リビア
エジプト
スーダン
オマーン
英領インド
インドシナ
台湾
(日)
マリアナ諸島(ド)
グアム(ア)
ウェーク島(ア)
カロリン諸島(ド)
フィリピン
(ア)
マーシャル諸島
(ド)
アデン(英)
シャム
マラヤ
セイロン
アビシニア
コンゴ
(ベ)
タンガニーカ
(ド)
ギルバート
諸島(英)
ソロモン
(ド・英)
(英)
フィジー
諸島(英)
オランダ領東インド
ローデシア
マダガスカル
オーストラリア
ニュー
カレドニア(フ)
モザンビーク(ポ)
南アフリカ連邦
ニュージーランド

の世界分割（19世紀末）

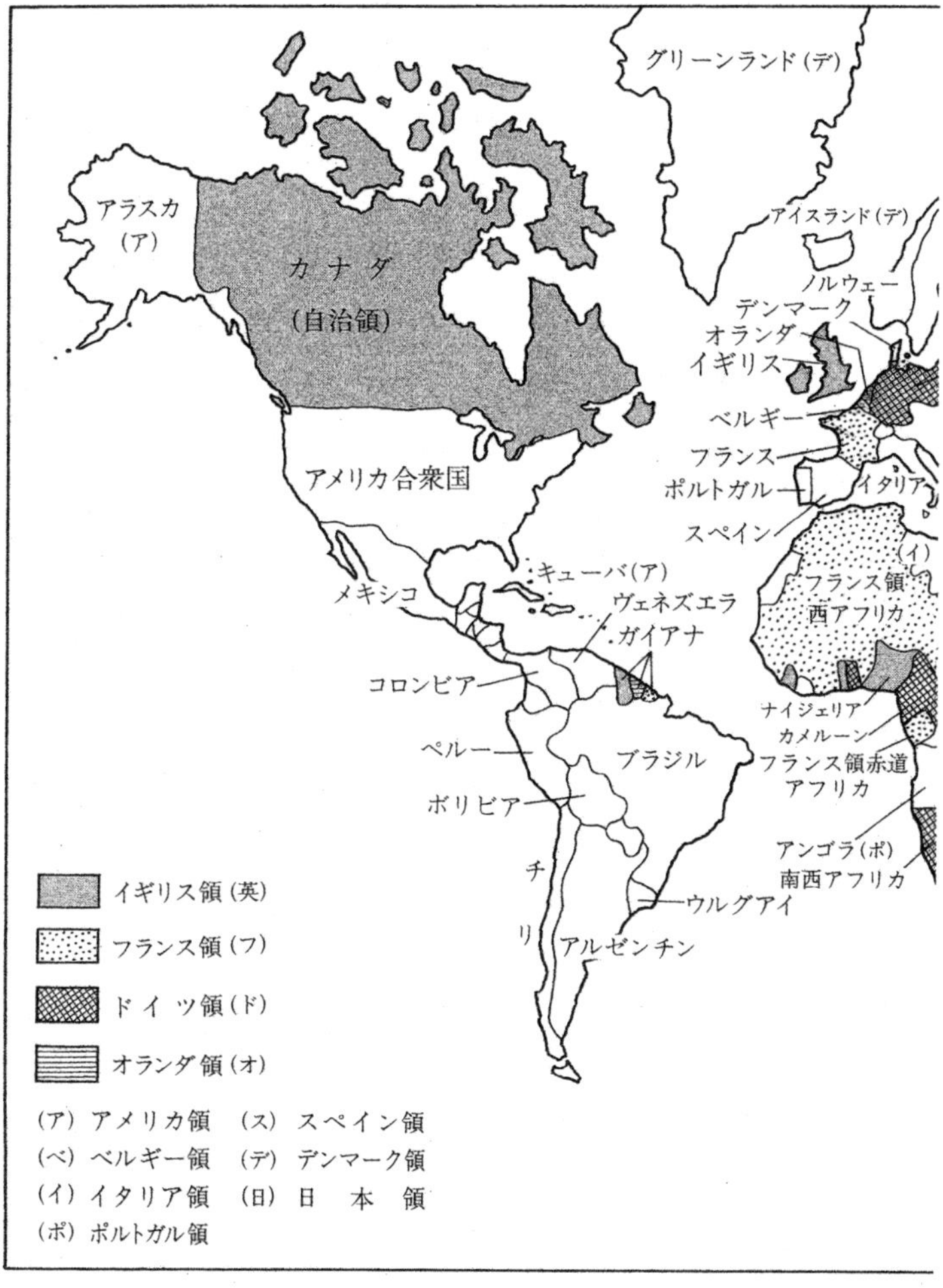
グリーンランド（デ）
アラスカ（ア）
カナダ（自治領）
アイスランド（デ）
ノルウェー
デンマーク
オランダ
イギリス
ベルギー
フランス
ポルトガル
イタリア
スペイン
アメリカ合衆国
キューバ（ア）
メキシコ
ヴェネズエラ
ガイアナ
コロンビア
（イ）
フランス領西アフリカ
ナイジェリア
カメルーン
フランス領赤道アフリカ
ペルー
ブラジル
ボリビア
アンゴラ（ポ）
南西アフリカ
チリ
ウルグアイ
アルゼンチン
イギリス領（英）
フランス領（フ）
ドイツ領（ド）
オランダ領（オ）
（ア）アメリカ領　（ス）スペイン領
（ベ）ベルギー領　（デ）デンマーク領
（イ）イタリア領　（日）日本領
（ポ）ポルトガル領

図7　帝国主義諸国

や金融資本家によって引き受けられた。さらに一八九一年、ロシアはシベリア鉄道の建設計画に着手して、その資本をパリの金融市場から得ようとした。フランスはパリでのロシアの公債募集とひきかえに、ロシアに政治的な協力を約束するよう強い圧力をかけた。その結果、一八九一年八月、両国が他国の侵略を受けたときにはたがいに協議するという政治協定が成立した。軍事同盟ではなかったが、翌年八月には両国の参謀本部の間で軍事協定がむすばれ、ついで九四年一月に軍事同盟としてのロシアとフランスとの同盟条約が成立した。ドイツを中心とした三国同盟に対抗する露仏同盟が生まれた。

一方、この時期にアフリカの分割競争をめぐってドイツはイギリスと協定をむすんだ。ドイツのこの動きは、ロシアとフランスの接近に拍車をかける要因にもなった。しかし、他方でアフリカや西アジアの分割競争がドイツ国内の植民主義者のなかに反イギリス熱を強める結果も生んだ。そして一八九〇年代後半には、軍需産業や銀行資本の要求にそいながらドイツ海軍の大拡張政策が進んでいく。一八九八年、戦艦八隻の建造をかかげた第一回ドイツ艦隊法が議会を通過し、一九〇〇年にはさらに本格的な艦隊法が成立した。

こうして一八九〇年代の半ばに、ヨーロッパの国際政治は、ドイツ・オーストリア・イタリアの三国同盟とロシア・フランスの軍事同盟との対立を基軸に、「名誉ある孤立」をたもつイギリスという三者の対抗関係で揺り動かされていく状態に移っていた（江口朴郎『帝国主義時代の研究』)。

ドイツ皇帝の膠州湾占領命令

ちょうどこの前後に日清戦争がおこった。ドイツはこのとき、ロシアとフランスとに同調して日本に対する三国干渉に加わったことはよく知られている。この三国干渉後の二年間は、ドイツは東アジア、とりわけ清国のどの地域に根拠地をおくかについてまだきめかねていた。日清講和条約締結のときに、ドイツ海軍省は朝鮮南端沖の一島、膠州湾《こうしゅう》、杭州湾の南にある舟山島《しゅうざん》、厦門《アモイ》、澎湖《ほうこ》諸島、香港に近接する大鵬湾《たいほう》の六つをあげて比較検討させたが、まだ決定しがたいと外務省に報告していた。そのうえ東アジアの問題をめぐってイギリスと手をむすぶべきか、それともロシアと共同するべきかについても充分な検討を必要としていた(G・N・スタイガー『義和団』)。

そこへ一八九七年十一月一日、山東半島でのドイツ人宣教師殺害事件がおこった。事件を新聞報道で知った皇帝ウィルヘルム二世は、すぐさま外務省にあてて打電した。

私は、今しがた、新聞報道によって、山東の事件を知った。その罪は、わが海軍の精力的活動によって、贖《あがな》わるべきものである。わが艦隊はただちに膠州に急航、同港湾を占領し、もし中国政府が即刻犯人を逮捕し十分なる賠償金を支払うことに同意しなければ、強硬なる態度をもってこれを威嚇しなければならない……今や、われわれは、中国人に対し、全力をあげ、――必要なれば実力をもって、――ドイツ皇帝が彼らの嬲《なぶ》りものではない。ドイツを敵に廻すことは誤りであるということを知らしめなければならない（十一月六日付の皇帝の外務省宛文書、G・N・スタイガー、前掲書）

翌七日に膠州湾占領の命令が下された。十三日、上海呉淞《ウースン》に停泊中のドイツ太平洋方面艦隊の軍艦三隻が膠州湾に入港した。ドイツ海軍は、翌十四日早朝、膠州の砲台と港湾を占領し、清国守備隊に四八時間以内に全面撤退するよう通告し、同時に青島《チンタオ》をドイツ軍の管理下におくことを宣言した。ドイツの膠州湾占領は、清国本土の列強による分割競争の本格化をつげる合図となった。

あわや世界戦争に―ファショダ事件

一方、アフリカでも一八九八年にはイギリスとフランスとが衝突して、世界戦争がおこりかねない事態に直面した。イギリスは、アフリカ北部でエジプトとスエズ運河とをおさえ、大陸南端のケープ植民地とを結ぶ大陸縦断計画を基本路線としていた。一方フランスは、いちはやく勢力下においていたアルジェリア地域に加えて一八八二年にチュニスを占領し、アフリカ西海岸からインド洋を結ぶ大陸横断計画を押しすすめようとした。この二つが衝突したのが一八九八年のファショダ事件だった。

この年の七月、フランス領コンゴから進んだフランス軍が、ナイル上流のファショダに到着した。一方、イギリス軍はマフディー王国を滅ぼしたのち、二ヵ月遅れて同じファショダに到着した。この地点で双方が真っ向から対決し、イギリスとフランスとの間であわや戦争かという危機が生じた。フランスの譲歩で戦争の危機は回避されたが、このとき軍備拡張ですでにフランスに優位をたもっていたイギリスは、実際に戦争がおこった場合どうするかを、地中海海域やヨーロッパ海域での戦闘計画ばかりでなく、東アジアでのフランスとの戦闘を同盟国ロシアの艦隊の動きなども考慮して検討していた。東アジアの海域では、イギリスの中国艦隊の主力を威海衛《いかいえい》から南部海域に集中させて、まずインドシナのフランス海軍を破り、反転して旅順とウラジオストクのロシア艦隊と戦う構想である。

イギリスが経済的にも、政治的にも、軍事的にも、植民地の獲得でも、ほとんど世界を独占的に支配していた時代は過ぎ去っていた。新しく登場した欧米の強国が、それぞれの本国と植民地や勢力範囲とした地域で、軍事的な力を強めながらたがいに同盟関係をきずいて対抗しあった。こうしてはやくもこの時期から大国同士の戦争がおこった場合、それは世界の各地での戦闘にたちまち拡大する危険性を示しはじめていた。

アメリカ合衆国の登場

一八九八年は、アメリカがスペインとの戦争（米西戦争）を通じて、アジアの世界に強国の一つとして登場しはじめたことでも画期的な年だった。

南北戦争（一八六一～六五年）後のアメリカは、大陸横断鉄道の完成後、しだいに海外に目をむけた。一八九〇年代にその矛先は中南米にむけられた。スペインの植民地であったキューバは、日用品の大半をアメリカから輸入し、かわりに主要輸出品である砂糖の四分の三をアメリカに輸出するようになっていた。スペインはこれを抑えようとしたが、かえってキューバ経済を混乱させ、キューバ民衆のスペインに対する不満がつのった。一八九五年、二度目のキューバ独立戦争がおこり、翌年にはフィリピンでもスペインからの独立戦争がおこった。

これに対してアメリカ国内では多額の投資を守る必要からスペインへの武力干渉の声が高まり、一八九八年四月にアメリカの軍艦メイン号がキューバのハバナ湾で沈没すると、アメリカはスペインに宣戦布告した。メイン号沈没の原因はわからなかったが、アメリカの新聞はスペインの責任であると世論を煽動した。アメリカ軍はカリブ海とフィリピンとで攻勢にでて、四月から八月にかけてスペイン軍を破り、十二月に講和がむすばれた。この結果、アメリカはフィリピン、グアム、プエルトリコを領有し、キューバの独立が承認された。フィリピンの独立は達成されず、独立したはずのキューバもアメリカの保護国状態におちいった。また、この戦争のさなか、多くの移住者を送りその経済をにぎっていたハワイをアメリカは併合した。アメリカはカリブ海一帯を勢力下におくとともに太平洋地域に拠点をきずき、アジア政策にも積極的に乗り出しはじめた。

太平洋地域についていえば、すでにイギリスがボルネオ北部やニューギニア東部とソロモンを領有し、フランスはタヒチ島やニューカレドニア島を獲得し、ドイツもマーシャル諸島やビスマルク諸島を領有していた。

いまや、列強によるアフリカの分割は完了し、太平洋地域の島々もあいついで列強の領有下にくみこまれてしまった。列強による清国本土の分割競争が本格化したのは、ちょうどこの時期からだった。

このことは、清国そのものがついに列強による世界の分割戦争の最後の大きな対象となったということだけを意味しているのではない。より重要なことは、ヨーロッパの大国だけでなく、新たにアメリカや日本がこの舞台に登場してくることである。これまで「世界政策の時代」と言ってきたが、それはなお、ヨーロッパにおける大国の「勢力均衡」を基軸にしていた。しかし、新たな舞台にはヨーロッパ以外の大国（あるいは大国化をめざす国家）が登場してきたことで、文字どおりの「世界政策」の時代がここにはじまる。

一八九八年から日露戦争が終わる一九〇五年までの時期は、世界の大きな転換点であった。ヨーロッパに基盤をもつ「世界政策」とヨーロッパ以外の地域に基盤をもつ「世界政策」とが、一つにつながり、やがて世界が二大陣営に分裂して、「世界戦争」の基礎が形成される起点になった。別の言い方をすれば、帝国主義的な世界支配と、それに抑圧されてきた諸地域の解放をめざす動きとが、全面的に対抗しはじめる起点となる時期のはじまりを意味する。

これから述べていくのは、その具体的な過程である。

分割される清国

日清戦争がおこるほんの半世紀ほど前までの東アジアの国際関係は、清国が「宗主国《そうしゅ》」（華）で、周辺の国ぐにの多くがその「属国」（夷）として清国に「朝貢《ちょうこう》」するという原理にもとづいてかたちづくられていた。一般に「華夷《かい》秩序」とよばれる原理である。このような清国の周辺の国ぐにに対する外交関係のつくりかたから、これを「中華帝国」の体制と言い表すこともできるが、これは同じ「帝国」という言葉で表しても、さきにみたトルコ帝国の体制とは異なっている。

「中華帝国」の崩壊

「華夷秩序」の基本は外交関係の原理であって、清国周辺の国ぐにが「帝国」たる清国の「属国」とされていたとしても、直接に清国の支配下におかれていたわけではない。だから清国の力が衰えをみせはじめたからといって、ただちに周辺の国ぐにが清国の支配から独立しようという動きをみせるわけではない。むしろ西欧列強が、清国と「宗属関係」をもっていた清国周辺の国ぐにや地域を、ときには武力にうったえてその支配下においた。そのつど、清国は「宗主権」を主張してこれに対抗するが、つぎつぎと切り崩されてしまう。とりわけ十九世紀の七、八〇年代にこうした事態が集中的に進行した。清国の北方と中央アジア地域ではロシアが、南方からはフランスやイギリスが清国に迫っていった。そして日清戦争は、最後まで最も強く宗属関係をもっていた朝鮮のそれを日本がたちきった戦争だった。

この戦争によって「中華帝国」の体制は最終的に崩壊した。言いかえると、清国周辺の国ぐにや地域では、この時期以後、新たに支配者として立ち現れてきた列強の植民地的支配からの解放が民衆の課題となるのである。

一方、「帝国」体制が崩れさった後には、残る清国自体が列強にとっては分割競争の対象となり、事実、日清戦争後いっきょにそれが本格化した。

清国分割競争の序曲

日清戦争後、清国が日本に支払う日清戦争の賠償金を、だれが清国に貸し与えるかをめぐって、列強はたちまち激しい競争を演じた。

清国は日本との戦争の費用も外国からの借金にたよっていた。清国政府は一八九五年一月にイギリス借款一〇〇〇万両《テール》と同じくイギリス借款三〇〇万ポンド《ポンド》、つづいて六月にドイツ借款一〇〇〇万ポンド《ポンド》（南京借款）、七月にもう一度イギリス借款一〇〇〇万ポンド《ポンド》（カッセル借款）をえて戦争費用にあてていた。「要するに、中国はイギリスの資金で戦争を行ったといえる」（坂野正高『近代中国政治外交史』）状態だった。

こんなありさまだったから、戦後の講和条約で約束させられた日本への巨額の賠償金など、自国の国家財政でまかなえるはずがなかった。清国は賠償金の支払いのために、三回にわたる巨額の外債を借り入れた。第一回は一八九五年のロシア・フランス借款、第二回は一八九六年のイギリス・ドイツ借款、第三回は一八九八年の続イギリス・ドイツ借款である。この借款の総額は、清国通貨白銀三億両にあたり、利息を加えると七億両以上にも達する。当時の清国政府の一年間の歳入総額は九〇〇〇万両足らずだったから、この負担は途方もないものであった。しかもこれらの借款契約とひきかえに、清国の重要な港の関税がすべて外国によって担保として押さえられた。新たな市場や港の開放も強制され、国家の財政自体が外国資本の支配を受けていく。西欧列強の金融資本が清国からまるで高利貸しのように搾り取っていくのである（魏永理『中国近代経済史綱』上）。

第一回目の借款供与はロシアが主役となって、三国干渉の「お返し」でもあるかのように、イギリスを出し抜いておこなった。しかもこの時にロシアと清国との間にむすばれた協定では、もし清国の元利支払いが困難におちいった場合には、清国政府と協議のうえ、代わりにロシア政府が引受銀行に支払うという、ほとんど例のない保証まで与えていた（坂野正高、前掲書）。この引受銀行となっていたのは、一八九五年二月にロシア法人として設置された露清銀行で、設立の中心になったのはフランスの金融資本だった。

三国干渉に加わりながら「排除された」ドイツと「出し抜かれた」イギリスとは、激しい巻き返しをはかって第二・第三回目の借款供与を成功させた。

この競争は清国本土で各国の勢力範囲を拡大しようとする動きと連動していた。

フランスは一八九五年六月に、一〇年前の清仏戦争に関する条約を補充する協約を清国に押しつけてトンキン（北ベトナム）と清国との国境地帯に一連の特権を獲得した。清国とインドシナ半島との国境線はフランスに有利に修正され、清国の国境地帯の省ではいくつかの都市が通商のために開かれた。また、フランスは雲南・広東・広西の鉱山採掘業の特権と、安南《アンナン》ですでに建設あるいは計画中の鉄道を清国領土内へ延長する権利とを手にいれた。ついで翌年三月に「海南島を他国に割譲しない」ことを清国に約束させた。

イギリスは、一八九七年二月の英清協定で、清国の雲南・広東・広西のいくつかの都市を開市させ、領事館を置いた。また、ビルマに建設した鉄道と雲南の鉄道との接続を認めさせるなどして、フランスに対抗した（胡縄『従鴉片戦争到五四運動』下）。

なかでも大きな意味をもったのは一八九六年六月三日に結ばれた李＝ロバノフ協定だった。この協定はロシア皇帝ニコライ二世の戴冠式にモスクワに特派された清国の李鴻章《りこうしょう》とロシアの外務大臣ロバノフとの間で調印されたものであるが、実際に事を進めたのはロシアの大蔵大臣でシベリア鉄道建設に中心的な役割を果たしていたウィッテだった。協定は極秘におこなわれたため「露清密約」とよばれていたが、今日ではその内容はよく知られている。六ヵ条からなるこの条約は、日本との戦争を想定してロシアと清国とのたがいの協力と援助とを約束したうえで、とくに第四条でロシア軍の移動を素早くおこなえるように清国東北部の黒竜江省と吉林省とをへてウラジオストクに達する鉄道＝東清鉄道の建設を清国が認め、建設は露清銀行にまかせるときめていた（条約全文は鹿島守之助『日本外交史』5参照）。この結果、同年九月八日に露清銀行と清国政府との間に東清鉄道敷設契約が成立し、やがて一八九七年三月一日、ロシアはフランス金融資本の援助を受けて資本金五〇〇万ルーブルで清国と合弁の東清鉄道会社を設立し、翌年の五月二十八日、ハルビンから東西それぞれ両方向にむかってこの鉄道の建設に着手した。注目すべきことは、この鉄道はゲージをロシアの鉄道と同じにしていたことである。これによってシベリア鉄道を走ってきた列車は、乗りつぎも台車の交換もなしに、そのまま東清鉄道に乗り入れることができるようにつくられた。つまり東清鉄道はシベリア鉄道の一つの支線になった（井上勇一『鉄道ゲージが変えた現代史』）。

遂に始まった清国領土切り取り合戦

このような「前哨戦《ぜんしょう》」を、いっきょに列強による本格的な清国領土の切り取り合戦にもちこみ、それぞれの租借地や勢力範囲の設定と拡大競争にまで押しすすめたのは、ドイツによる膠州《こうしゅう》占領事件だった。

ドイツの膠州占領については、すでに述べた。この事態に対して、すぐさま実力行動にうつったのはロシアだった。十二月十五日、皇帝の命令を受けたロシア東洋艦隊は旅順《りよじゅん》港に入った。イギリス軍艦が旅順や大連《だいれん》を占領するのを防ぎ、ロシアの「清国への友情」を示すためだといって、このロシア海軍の旅順港寄港を清国に認めさせた。

十二月下旬になって、ドイツは九九年間の膠州湾租借を清国に公然と要求した。ロシアも翌一八九八年三月三日、旅順港・大連湾租借と奉天をへて大連に通じる東清鉄道支線の敷設権などを清国に要求し、五日間の期限つきで回答をせまった。

三日後の三月六日、清国はついにドイツの要求に屈伏して膠州湾租借条約に調印した。ドイツは九九年間の膠州湾租借権と膠済鉄道敷設権と鉱山採掘権とを清国から獲得した。つづいて三月二十七日には清国とロシアとの間に遼東《りょうとう》半島租借条約が調印され、五月七日には遼東半島租借中立地域境界確定に関する追加協定がむすばれた。ロシアは二五年間の旅順港・大連湾租借権をえ、旅順港を軍港としてロシアと清国の艦隊だけが使用する、大連は貿易港として開港する、租借地帯の北側に幅六〇㍄の中立地帯を設けてその地域の鉄道敷設と鉱山採掘権とをロシアが独占する、中立地帯の行政権は清国がもつが、清国陸軍がこの地帯に入るときにはロシアの同意を必要とするなど、数々の特権を獲得した。

他の大国もこの年の内につぎつぎと同じような特権を清国から奪い取った。

六月九日、イギリスは、香港地域拡張に関する条約をむすんで、早くからイギリス領となっていた香港を中心に、しだいに拡張されていた隣接地域に対する支配権をいっそう拡大し、九竜半島租借地を設定した。租借の期間は九九年間とされた。七月九日に同じくイギリスは威海衛《いかいえい》租借条約をむすんだ。租借の期間はロシアが旅順・大連を占拠している間とした。十一月十六日、フランスは広州湾租借条約をむすんだ。租借の期間は同じように九九年間とされた。

こうして清国における列強の五大租借地が一八九八年にすべて成立した。

租借地設定とは異なるが、清国がある地域を限ってどの国にも譲り与えないという約束を特定の国に対しておこなうのが「不割譲宣言」である。これも結局は、その約束をさせた国の勢力範囲となる。一八九七年から一八九八年にかけておこなわれた不割譲宣言には、さきの一八九七年三月のフランスに対する海南島と対岸の広東省沿岸の不割譲のほかに、一八九八年二月のイギリスに対する揚子江沿岸諸省不割譲、四月のフランスに対するトンキン隣接諸省（雲南・広東・広西）不割譲、そして同じ四月の日本に対する福建省不割譲宣言などである。

租借地設定とならんで、列強による鉱山開発権の獲得や工場設置などもすすんだ。鉱山利権関

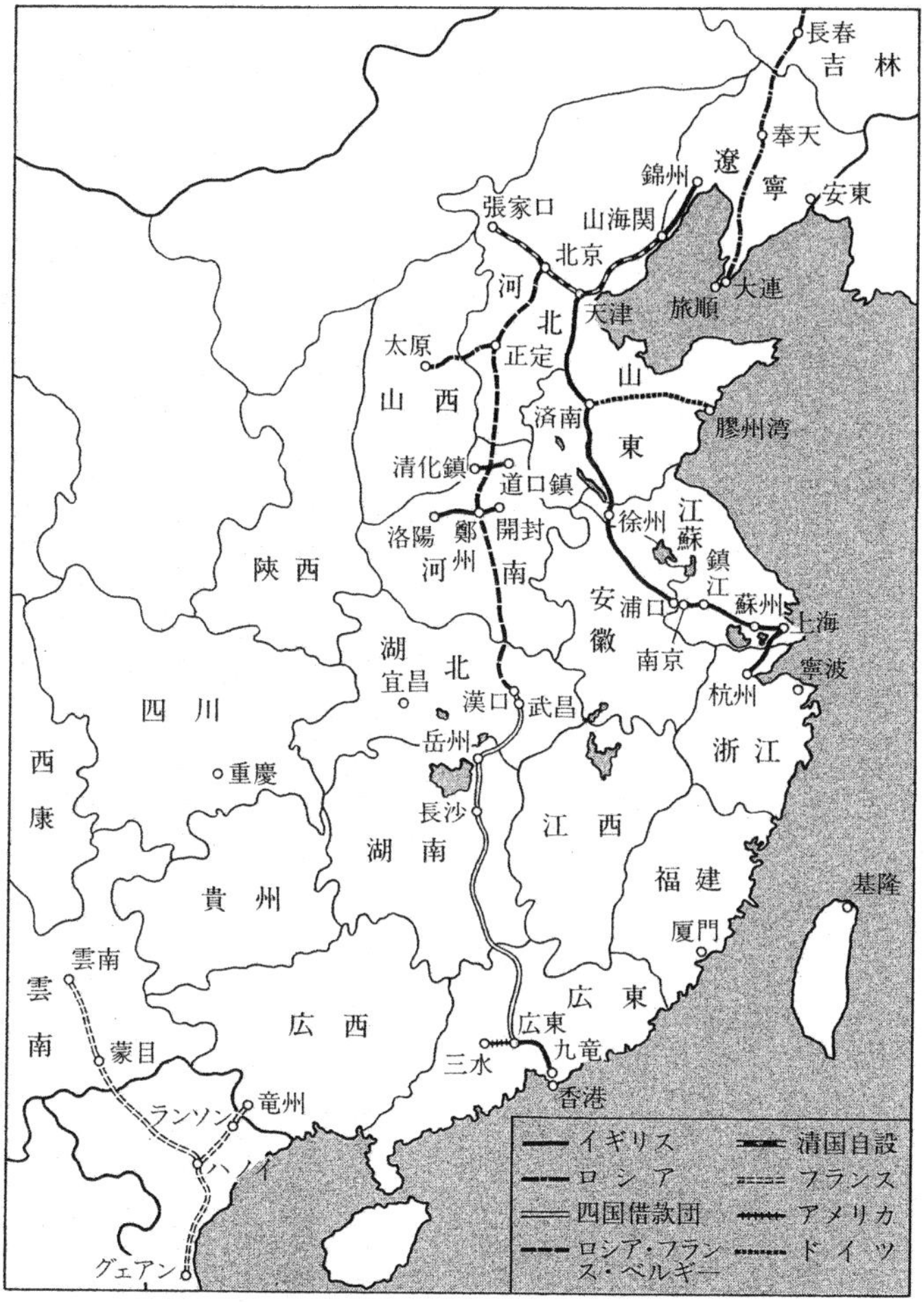

図8　中国における列強の鉄道利権（20世紀初頭）

この図には，日露戦争当時までに開通していなくとも「利権」として成立していた路線を記載した．清国政府の自設のものは日露戦争後に開通した．漢口—広東間を結ぶ路線（粤漢鉄道）は，1898年に米国の利権として成立したが，その後複雑な経過をたどり，最終的には成都—漢口間を結ぶ路線（川漢鉄道）と合わせた川粤漢鉄道として，1911年に英・米・独・仏で組織した四国借款団の利権となった．

係では、黒竜江・吉林・遼寧地域はロシアが、山東・安徽・河南地域はドイツが、山西・四川地域はイギリスとフランスとが、貴州・広西・雲南地域はフランスが、それぞれおさえた。それらをむすぶ必要や、軍事上の戦略から重視された鉄道の建設についても、列強ははげしい競争を演じながら、つぎつぎとその敷設権を獲得した（図8参照）。こうして列強は中国をたがいの勢力範囲に分割した。ロシアは中国東北地域（満州）や蒙古を独占的権益地域とみなし、ドイツは山東省を支配下におき、イギリスは威海衛を獲得するとともに揚子江流域を勢力範囲とし、フランスは雲南と両広（広東と広西）の一部とを勢力下においた。日本は福建省一帯を勢力範囲とした。一八九八年は清国が分割の危機に直面する画期となった。

日露開戦へ

東アジアをめぐる日本とロシア

日清戦争後の朝鮮をめぐる日本とロシア

日清戦争後、日本とロシアとの間には朝鮮半島の支配権をめぐって二つの条約がむすばれていた。一八九六年（明治二十九）にむすばれた小村＝ウェーバー仮協定と山県《やまがた》＝ロバノフ協定とである。両方とも、朝鮮半島の支配権をめぐってロシアが日本よりもはるかに優位にたっていることを示していた。

日清戦争で清国の影響力を朝鮮から一掃したものの、日本は朝鮮中央政界に大きな影響を与えることはできていなかった。山県有朋《ありとも》も「朝鮮之国情」は「甚《はなは》だ不穏」で「此際露国との関係」が生じれば、「我が目的を誤」るので心配でならない。「数十年来の素志も一朝水泡に帰し可申《もうすべし》、嗚呼《ああ》」（『公爵山県有朋伝』下）となげくありさまだった。こういう事態にあせった駐韓公使の三浦梧楼《ごろう》は、自ら指揮して朝鮮国王の妃、閔妃《ミンピ》を王宮に襲い殺害し遺体を焼きすてるという閔妃殺害事件をひきおこして、親日政権をつくりあげようとしたが、かえって事態を悪化させただけだった。朝鮮中部を中心に各地で儒者たちを先頭にたてた農民の義兵運動がおこり、日本軍や政府軍と武力衝突をおこした。のちに駐韓公使となった加藤増雄は当時の状況を「韓国上下ノ人心凡《すべ》テ帝国ニ背離スルト同時ニ所謂《いわゆる》日本派ナルモノノ勢力モ全ク地ヲ掃フテ空《むな》シキ有様」だったと記している（『日本外交文書』第三十一巻第二冊）。

これと反対に、ロシアは朝鮮国王を自国の公使館に「軟禁」して（一八九六年二月以降）朝鮮政府を支配した。小村寿太郎《じゅたろう》にいわせると、日本は「天子を奪われて万事休す」だった（外務省『小村外交史』）。五月の小村＝ウェーバー仮協定では、このような朝鮮の現状を是認し、日清戦争後ソウル・釜山《プサン》間の電信線の保護を口実に日本が駐屯させていた軍隊の数は制限され、そのうえソウル・釜山・元山《ウオンサン》などに日本と同数の軍隊をロシアがおく権利を承認させられた。つづく六月の山県＝ロバノフ協定は、五月の協定を再確認したうえで、朝鮮に対する「援助」は両国の合意を前提におこなうこと、朝鮮の軍隊・警察は朝鮮国民で組織する、日本は現有の電信線を維持するがロシアも将来国境からソウルまでの電信線を架設する権利をもつという内容になっていた。しかもロシアはこのとき、すでに述べたとおり清国との間で密約、李＝ロバノフ協定をむすんでいたのと同じように、朝鮮とも密約をかわしていた。この「露韓密約」にはロシアが朝鮮に軍隊訓練士官や財政顧問を派遣し、借款を与える計画などがもりこまれていた。ロシアの蔵相ウイッテは、これによってロシアが「朝鮮の軍事・財政に関して殆ど支配的権力を握」ったと記している（『ウィッテ伯回想記―日露戦争と露西亜革命―』）。ロシアが朝鮮で一連の軍事的・財政的な支配権をえたことを、ロシアの歴史家べ・ア・ロマーノフは「一八九六年五月露国の外交は……朝鮮に於ては、朝鮮を、完全に併合するまでの間の捷路《しょうろ》を、発見した」としるしている（同著『満州に於ける露国の利権外交史』）。

「満韓交換」論の登場

一八九八年（明治三十一）の初頭に日本はロシア側から「韓国問題」について新たな条約をむすぶ提案をうけた。

ロシアの提案の骨子は、日本が韓国にもつ「利益」はロシアよりもいっそう「重要」であることをロシアが認め、韓国での日本の「経済上の利益」が今後「増進」していくことについてロシアは「幇助《ほうじょ》」するというものだった。日本はこれをロシアの「譲歩」だとうけとった。ロシアがドイツとならんで清国の分割競争をすすめ、旅順《りょじゅん》と大連《だいれん》とを獲得しようとし、日本がこれに公然と反対しないように「韓国問題」である程度の「利益」を日本に認めておこうと考えているからだと判断した。

日本はただちに交渉をはじめることに同意し、その結果四月二十五日に西＝ローゼン協定が調印された。新条約では、韓国に軍事顧問や財政顧問を派遣する場合には、日露両国であらかじめ「商議」をとげた後でなければおこなわない、ロシアは韓国における日本の経済的な発展を将来にわたって妨げない、などが約束されていた。韓国で日本がロシアよりも政治的な優位にたつことをロシアが認めたわけではなかったが、二年前の二つの協定にくらべると、日本の地位が変化していることは明らかだった。

この交渉の過程には二つの重要な動きが現れた。

一つは、日本がいわゆる「満韓交換」をロシアに公然と提案したことである。その内容の中心は、韓国に対する外国の「助言及《および》援助」が必要なときには、それを日本に「一任」すること、ロシアがこれを認めれば、日本は「満州*及其沿岸」についてはまったく日本の「利益及関係ノ範囲外」とみなすというものだった。

* 「満州」は中国の東北地域をさす用語として当時一般に使われた。繁雑になるので以下すべてカッコをつけずに表記する。

日本がこれを提案したのは一八九八年三月十九日であるが、この時期に注目すべき示唆を日本はフランスやイギリスから受けていた。フランスの外相は栗野公使につぎのように語った。「今般極東洋問題ノ発生」した結果、「一ノ新ナル諸強国ノ相談仲間ノ生スルコト」は必然的ななりゆきである。そこで自分はこれを機会に「日本ヲ右強国ノ伍伴ニ加入セシメ以テ共ニ極東洋問題ヲ研究シタキ心願」であるが、その際、今回日露の間で交渉されている「朝鮮問題ハ極東洋問題全体ノ試金石」である。つまり日本が今回の交渉でロシアとの協調関係をきずくならば、それを

「試金石」として日本をロシアとフランスの同盟に加えてやってもよいと考えているというのである。一方、イギリスの植民大臣チェンバレンは駐英加藤公使に、もし「北清地方」がロシアの手中に帰したなら、ドイツは「山東付近」を「領有」し、フランスは「南方」を、イギリスは「中部」を占める結果となり、清国の分割はまぬがれまい、「此時ニ当リ貴国ハ那辺《なへん》ヲ領セン乎《か》貴国ノ手ヲ着クヘキ分前ハ何処《どこ》ニモ見出サレサルニハアラサルカ」という。

いまや清国の分割競争がはじまり、「韓国問題」もそれと切り離しては「解決」できない課題になっている。それだけにどのようにこれに対処していくかは、そのまま前章で見た世界的な規模に拡大しはじめている列強の対抗関係のなかで、日本がどういう位置を占めるかに直結していた。日本はすぐさま態度を鮮明にできることではなかった。

当時の内閣は成立したばかりの第三次伊藤博文内閣だったが、この年の一月、伊藤は組閣にあたっての基本方針を天皇に上奏してつぎのように述べていた。

日本がこれまで最大の課題としてきた「韓国独立ノ問題」は「歯牙《しが》ノ間」におくにたらない。事態はすすんで「清国ノ独立」が危機におちいり、「一躍忽《たちま》チ分割ノ端ヲ発セントス」る情勢である。この際わが国がとるべき「最大最要ノ目的」は、どこにも束縛されない「独立」の地位におき、他国に指一本も触れさせないようにすることにある。今もしすすんで何かをしようとすると、イギリスは独力で「清国ニ於テ其権利ヲ保有シ、一歩モ退カサルノ地位」を占め、ロシア・

フランス・ドイツの「三国連合」が少しでも清国で「特典利益」をえたなら、イギリスも同じ「特典利益」を要求して一歩も退かぬ「決意」をしている。このようななかで日本は、軽々しくどちらか一方を頼りにし、他方を排斥するような「単純政策」をとるべきではない。「将来ノ大勢ヲ観察」して、「危機一髪」というときに落ち着いて自国の動き方を決めることができる「地位」に立つことが大切である。「外交軍略」ともにこの基本路線を誤らないことが「国家存立ノ大眼目」であると(『伊藤博文伝』下巻)。

結局、この交渉では「満韓交換論」は提起されたにとどまった。

もう一つの注目すべき重要なことがおこった。

独立協会の運動　日本はこの交渉のはじめに、ロシアが現に韓国に送りこんでいる軍隊訓練士官と財政顧問とのどちらかを日本に譲るように提案した。この提案に対するロシアの回答はおくれ、内容的にもそれに答えることはなかった。ところが、事態は日本もロシアも前提としなかった出来事によって新たな展開を見せた。韓国での「自由民権運動」ともいわれる民衆運動がこの時期に急速にたかまったのである。

この運動は朝鮮の「開化」をめざす一八八〇年代の政治思想や運動の流れのうえに発展してきたもので、その先頭にたったのは一八九六年に結成された独立協会だった。この運動は農民を主力として儒教思想から生まれた「衛正斥邪《えいせいせきじゃ》思想」に指導される義兵運動とは異なり、朝鮮の旧い支配体制に反対し、憲法や議会の開設を要求して、外国の干渉を拒否し、外交政策も王族やひとにぎりの宮廷官僚にまかせず、近代的な議会や政府によって決定されるべきだと主張した。この時期にはとくにロシアの軍隊訓練士官や財政顧問の罷免を要求した。彼らは一八八〇年代のように宮廷や政府部内での活動にとどまらず、首都ソウルを中心に市民をまきこんだ大衆的な政治運動を展開し、「万民共同会」とよばれる大衆集会をひらき、ときには官吏の一部をくわえて「官民共同会」さえも開催した。この運動におされて、国王は一八九七年二月にロシア公使館から王宮に帰り、十月には国名を「大韓（帝国）」とし、皇帝の即位式をおこない、元号を「光武」と改めた。これは清国との宗属関係を朝鮮自らが断ち切ったことを意味した。清国の使節を迎える「迎恩門」を壊し、パリの凱旋門にならった「独立門」を建てた。そして一八九八年三月、韓国政府はロシアに対して軍隊訓練士官と財政顧問との引き上げを要求した。ロシアの士官や顧問たちは撤退した。これが日本の「満韓交換」論の前提でもあった。

独立協会を中心とした運動は一八九八年の末には政府の弾圧によって解体させられてしまうが、この運動は大国の思惑だけで勝手にたがいの勢力範囲を決定できるものではないことを典型的なかたちで示した。

義和団運動と鎮圧戦争

民衆のエネルギーをいっそう大規模で強力に示したのが、一八九八年から一九〇〇年夏にいたる清国の義和団《ぎわだん》運動だった。

西欧の宣教師たちが、キリスト教を布教しながら農民たちの地域的な「もめごと」に介入し、教徒となった農民たちを「教民」と称して「保護」下においてその勢力の拡大をはかろうとし、外交特権をふりかざして清国の地方官吏を脅迫したりしたことが、民衆の反発を強め、反キリスト教の「仇教《きゅうきょう》運動」を活発化させた。ドイツの膠州《こうしゅう》占領のきっかけとなった山東半島でのドイツ人宣教師殺害事件もこうした民衆の反発の現れだった。

この運動は西欧型の国家をつくりあげる要求や構想をもっていたわけではない。その意味で「近代国民国家」づくりへはむかわず、一八九九年には「扶清滅洋《ふしんめつよう》」（清国を扶《たす》け侵入した西洋を滅ぼす）をスローガンにかかげた。これを利用しようとした山東巡撫《じゅんぶ》（地方長官）毓賢《いくけん》は、この運動に組織された民衆を「官」が認めた在地の自衛組織である「団連」にならい「義和団」として公認し、「洋」との戦いに動員しようとした。こうして義和団運動は鉄道施設や電信施設を襲撃しながら活動範囲をひろげ、一九〇〇年には天津から北京市内に進出した。これに対して列強が六月にはいって鎮圧の軍事行動をおこすと、清国も列強に宣戦した。

八月には列強が八ヵ国のおよそ二万の連合軍で北京を包囲したため、西太后《せいたいごう》ら清国政府の中枢部は西安に逃げた。敗北した清国は一九〇一年九月七日、北京議定書（辛丑《しんちゅう》条約）を列強とむすぶほかなかった。この条約によって清国は巨額の賠償金を四〇年間にわたって支払うことになり、その元利合計は九億八〇〇〇万両《テール》にものぼり、それは清国の歳入の一二年分に相当した。また、北京の一角（東交民巷）に「外国使節区」をおき中国人の居住を排除すること、大沽《タークー》から北京にいたる行路の清国の砲台を取り去り、列強が北京郊外から天津・山海関の指定された一二カ所に軍隊を駐屯させる権利を認めさせられた。日本は天津に司令部をおき日本軍を常駐させた。のちに「盧溝橋《ろこうきょう》事件」をおこして日中全面戦争のきっかけをつくる「支那駐屯軍」の出発である。

この条約の結果、ついに清国政府は「洋人の朝廷」となったと、革命家陳天華《ちんてんか》は記した（『警声鐘』）。しかし、この運動は列強に中国全体を分割することはとうてい不可能だし、また無益であることを思い知らせた。連合軍司令官だったドイツのヴァルデルゼーは「欧、米、日のいずれにせよ、この世界の人口の四分の一を支配できる頭脳や兵力をもってはいない。だから分割はじつに愚策である」と語り（栄猛源『中国現代史』）、山県有朋《やまがたありとも》も「数千年の歴史を有し、十八省四億の民衆を有する老大国は一朝にして亡滅するものに非ず……且《か》つ急に之《これ》を取るは、利少なくして害多」しとした（「東洋同盟論」）。

義和団鎮圧戦争で主力をになったのは、およそ四万七〇〇〇の連合軍のうち二万二〇〇〇の兵を派遣した日本軍だった。欧米列強と連合軍を構成したのは日本にとって最初の経験であった。

そしてこの戦争のなかで日本がとった行動と示した軍事力とが、その後の日本の対外政策に二つの大きな方向性を与えることになった。

一つは、鎮圧戦争のさなか、八月に日清戦争でえていた台湾を拠点に一八九八年に清国から「不割譲」の約束をとりつけていた台湾の対岸、福建省に軍隊を送る「厦門《アモイ》出兵」を計画し、失敗したことである。この計画は義和団出兵を利用して福建省に日本の「勢力範囲ノ実ヲ顕ハシ他日国際問題ノ基礎ト為サンコト」を企図したものだったが、イギリスやアメリカの強い抗議にあって断念した。その結果、朝鮮を拠点に北方へ「進出」の眼をむける路線が政府内部でしだいに確定していく方向をたどることになる。

もう一つは、日本の軍事力が列強の世界政策のなかで注目されはじめたことである。とくに、大規模な中国民衆の反乱に即座に対応できる地理的条件と軍事力とをもっていることが、東アジアにおける列強の支配と秩序一般を維持する役割の担い手として重視されるという意味をもった。

日英同盟と深まる日露の対立

このような日本の動きと地位とをその世界政策のなかに位置づけ、利用しようとしたのがイギリスだった。この時期のイギリスがヨーロッパ地域でもドイツをはじめとする列強の激しい追いあげに直面して、その軍事的な強化をはからねばならない状況にあったことや、アフリカ分割競争をめぐってフランスとあわや戦争をひきおこしかねない危機におちいったりしていたことはすでに述べた。そのうえイギリスは南アフリカでおこったボーア戦争に手をやき、四〇万の軍隊を送り数年間かかってようやくおさえ、南アフリカを直轄植民地にするという状態にあった。そこでイギリスはシベリア鉄道建設に着手して東アジアで最も大きな脅威となっていたロシアに対抗するために日本の軍事力を利用しようとした。また、日清戦争後の日本海軍の大拡張は、最新の技術をもったイギリスのアームストロング社をはじめとする民間兵器産業の急成長をうながす大きな要因の一つともなっていた（小林啓治「日英同盟」井口和起編『近代日本の軌跡』3）。一方、日本にとって朝鮮を足場に北方への「進出」路線をすすめようとするかぎり、ロシアとの対決はさけがたい。こうした双方のそれぞれの事情から一九〇二年（明治三十五）一月、第一回日英同盟が成立した。

日本がこの同盟交渉のなかで一貫して主張したのは、韓国における日本の「自由行動」にイギリスの承認をえることであった。しかし、イギリスはそれがただちに日本とロシアとの軍事的な衝突を促進することになりはしまいかという危懼《きぐ》をいだき、承認をあたえなかった。日英同盟をめぐっては日本政府内部でも意見の対立があり、事実、同盟交渉のさなかに伊藤博文がロシアを訪問し、「満韓交換論」的な内容でロシアとの当面の妥協をはかろうとしていた。この動きがかえってイギリスにとっては日本との同盟がただちにロシアとの武力対決に直結はしまいとの判断をもたせることになり、結果的には同盟交渉を促進させる役割を果たした。その意味で、日英同盟の成立がそのまま日露戦争のコースを確定したものであるとはいいがたい。とはいえ、ここに当時の世界の超大国であるイギリスとの軍事同盟を日本がむすんだことは、その後の日本の東アジア政策に強力な援助者をえたことに間違いはなかった。

一方、義和団鎮圧をきっかけに建設中の東清鉄道の保護を口実に大軍を送って満州を占領したロシアは、清国と列強との間で外交的決着がついた後も、その大軍を満州にとどめて軍事占領をつづけ、それを「権利」として確定する清国との条約締結を企てていた。この計画はイギリスや日本の激しい反対と清国に対する圧力によって挫折し、一九〇二年四月に満州還付条約がむすばれ、ロシアは一八ヵ月以内に満州から撤兵することを約束した。日英同盟が効果をみせはじめた一つの現れである。しかし、ロシアは第一期目の撤兵は十月におこなったが、一九〇三年四月の第二期撤兵はおこなわず、満州に居座りつづけた。ロシア政府内部では満州還付条約をむすんだ蔵相ウィッテが皇帝の側近から退けられ、宮廷顧問官ベゾブラゾフら強硬派が東アジア政策の主導権をにぎったかにみえた。これらのことがついに日露開戦にいたる底流の一つとなる。

開戦論の形成

日露開戦外交の開始

一九〇三年（明治三十六）四月二十一日、首相桂《かつら》太郎は外相小村寿太郎《じゅたろう》、元老伊藤博文とともに元老山県有朋《やまがたありとも》を京都の寓居、無隣庵《むりんあん》にたずねてロシア対策を協議した。満州からの第二期撤兵の約束の期日（四月八日）が過ぎても、ロシアは撤兵しないどころか、四月十八日に新たに七ヵ条の条件を清国に要求した。満州占領中に獲得した一切の「権利」を「保留」し、満州を他国へ「割譲」したり「貸与」したりしないことをはじめとして、満州全域をその勢力範囲とするばかりか、「蒙古」をもロシアの影響下におくことを清国に認めさせようとしていた。四人が集まったのは、これに対処する方針を密議するためだった。場所が京都だったのは、ちょうど第五回内国博覧会が三月一日からはじめて大阪を会場に開かれ（七月末日まで）、閣僚の多くが関西に行っていたからである。

ついで六月二十三日に御前《ごぜん》会議が開かれた。会議に参加したのは、伊藤博文・山県有朋・大山巌《いわお》・松方正義《まさよし》・井上馨《かおる》ら元老と首相桂太郎・海相山本権兵衛《ごんべえ》・外相小村寿太郎・陸相寺内正毅《まさたけ》の九人で、天皇は彼らにロシアに対してとるべき日本の基本方針を討議させた。会議では、四月の協議にもとづいて小村外相が対露交渉案を提案した。要点は、①ロシアが満州から撤兵しないこの機会を利用して、数年来の懸案である「韓国問題」の「解決」をはかる、②この「解決」とは、どんな事情があろうと韓国の一部たりともロシアに「譲与」しない、③満州についてはロシアが優位にたっているので、多少「譲歩」する、④交渉は東京でおこなう、というものであった。万難を排して韓国をすべて日本の勢力下におくというのでは、ロシアとの衝突をまぬがれないのではないかと懸念する意見も出たが、最終的に原案どおり決定された。

この御前会議をうけて、小村外相は駐露栗野公使に七月二十八日付で「満韓問題」に関するロシアとの交渉開始について訓令した。以後、翌年の二月五日にロシアに「国交断絶」を通告して開戦にいたるまでの外交交渉がおこなわれていく。

交渉の構図　ここでその経過をくわしくあとづける紙数の余裕はない。交渉の枠組みとでもいうべき「構図」を描いておくことにする。

第一に確認しておかねばならないのは、いわゆる「満韓問題」に関する日本とロシアとの交渉方針の根本的なちがいである。御前会議の基本方針に明らかなように、日本はこの交渉で「満州問題」と「韓国問題」とを切り離せない問題としてロシアに提起し、以後一貫してこの態度を変えなかった。「満州問題」でもロシアに多少なりとも譲歩させ、この機会を利用して「韓国問題」を全面的に日本に有利に「解決」しておくことに日本は主眼をおいていた。これに対してロシアの基本方針は、「満州問題」はロシアと清国との交渉課題であって、日本との交渉課題ではないというものだった。ロシアが「韓国問題」だけを日本と交渉しようとするかぎり、この問題で日本の要求をすべて承認するはずはなく、日本に少しでも「譲歩」させようとするのは当然のなりゆきだった。事実、日本の提案に対するロシアの最初の回答はそういうものだった。そして清国が四月のロシアの要求を拒否すると、九月には条件を緩和した新たな五ヵ条をロシアは清国に提案した。だが、これも清国に対する日本の強硬な警告や清国内のロシアに反対する運動などがあり、清国は受けいれなかった。第三期の撤兵期限（十月八日）がせまっていることをちらつかせ、ロシアは清国に強硬姿勢でのぞんだが、事態はすすまなかった。ついに十月三日、ロシアは清国との交渉を中止した。ロシアの満州占領がつづくことは決定的となった。

ここにいたって、ロシアも対日交渉に一本化しはじめた。その結果、日露交渉の争点は「満州問題」と「韓国問題」との二つがむすびつきながら、韓国における日本の軍事的行動の「自由」と、「清韓両国」の「独立と領土保全」という文言で「満州問題」についてもロシアの行動に一定の「制約」を加えることにロシアが同意するかどうか、他方あくまで韓国の軍事的な使用はおこなわず、韓国北部に「中立地帯」を設定し、「満州問題」についてはまったく日本の「利益範囲外」とすることに日本が同意するかどうかという論点にしだいにしぼられていく。

そして、最終段階の日本側の提案（一月十二日御前会議決定、十六日ロシア側へ手交）では、日本は「満州及其沿岸ハ日本ノ利益範囲外ナルコト」を承認する、ただしロシアは「満州ノ領土保全」を「尊重」すること（はじめのころの提案にあった「清国」の「独立と領土保全」から、「独立」の語句が削られている）、また、日本や他の外国が清国とすでにむすんでいる条約でえている満州での「権利」と「特権」とをロシアは「阻礙《そがい》」しないなどの条件をつけた。一方、「韓国問題」では、ロシアの要求する「韓国領土ノ一部タリトモ軍略上ノ目的ニ使用セサルコト」という条件は絶対に承認できないから「削除」し、「中立地帯」の設定は、ロシアの要求した北緯三九度線以北をそうすることには反対で、「国境」両側の五〇キロを「中立地帯」とするという論議も出たが、まとまりそうにないので、条約案から「中立地帯」設定の条項を削除する、などとしていた。

ここで二つのことに注目しておく必要がある。

第一は、日本が満州（はじめのころの提案では「清国」一般）の「独立」や「領土の保全」をかかげつづけたことには二つの意味があったことである。一つは、この文言はイギリスやアメリカのかかげたスローガンと同じで、そのことによってロシアに対抗する大国の支持を日本側がえられる、言いかえるとロシアを孤立させるという政治的意味をもっていた。アメリカが一八九八年以降、東アジア政策に積極的にのりだしてきたときのスローガンは「清国」の「独立」と「領土」の「保全」と切り離せない「門戸開放」政策であった（一八九九年の国務長官ヘイの「門戸開放」宣言）。これはイギリスやアメリカがこの政策で清国における既得権を守り、あるいは拡大する政策でもあった。ちなみにロシアの満州還付条約がむすばれた五ヵ月後の一九〇二年九月に、イギリスは北京議定書の第十一条の規定にもとづいて、清国と新しい通商条約をむすんでいた。日本やアメリカも同様に清国との新しい通商条約をむすぶ交渉にはいったが、それが成立したのは日露交渉さなかの一九〇三年十月八日のことだった。この条約のねらいは清国内での経済活動の条件を拡大し、これまでほとんど日本人のはいりこんでいない満州に足場をつくり、ロシアの独占的な支配に対抗するという企図をもっていた（古屋哲夫『日露戦争』）。日本や他の外国が満州地域を対象に清国とすでにむすんでいる条約で獲得している「権利」と「特権」とをロシアが「阻礙」しないという条件をつけたのは、具体的にはこのことを意味していた。

第二は、いうまでもないことだが、日本は韓国を「独占的」な「支配」下におくという要求を最後まで譲らなかったことである。日本の首脳たちの議論のなかには、交渉中にも韓国へある程度の軍隊を送り込んで、とくにその首都を制圧しておかないとロシアばかりかアメリカやフランスなどの公使館に韓国国王が逃げ込むおそれがある。これではいっそう事態が複雑になり、とうてい韓国を日本の独占的支配下におくことはできなくなる。かつてロシアが提案してきた「列国保証下」の「韓国中立化」案（一九〇一年一月）さえ再度浮上しかねない。また、その程度の「限定的」な出兵なら、ただちにロシアとの戦争にはなるまいという判断もあった。しかし、このことについて韓国政府と独自に交渉するという考え方はしていなかった。

ロシアの最終態度

日本の最終段階の提案に対してロシアの回答はなぜか日本側にとどかないうちに、戦争がはじまってしまう。しかし、ロシアに回答する意志がなかったわけではない。最近の研究（千葉功「日露交渉―日露開戦原因の再検討―」『年報・近代日本研究』18）によれば、ロシアは回答のために特別会議を開き、ニコライ二世の裁可を二月二日にえた条約案が三日に旅順へ送付されていたという。その主な内容は、①韓国の独立と領土的な「不可侵」を尊重することを双方の「義務」とすることを前提に、②ロシアは日本の韓国における優越権を認め、日本の韓国に対する「顧問権」や「援助権」を承認する、③日本が韓国でおこなう経済的な「行動」を「妨害」せず、日本がその利益を保護するためにとる「手段」も妨げないことをロシアの「義務」とする、④これらの目的のために韓国で「国際的紛糾」をひきおこすような「反乱」や「無秩序」な事態がおこった場合、日本が韓国に軍隊を派遣する権利をロシアは認める、⑤ただし、韓国領土を戦略的目的に利用したり、その沿岸に朝鮮海峡の「自由な航行」に脅威を与えるような軍事的手段はとらないことを双方の義務とする、⑥ロシアは日本がすでに満州でえている条約上の権利や優越権は他の列国のそれらと同様に「尊重」するが、日本は自分の

「利益圏外」の満州とその海岸線については、ロシアの「勢力範囲」であることを認める、⑦東清鉄道が鴨緑江《アムノッカン》まで延長した場合、この鉄道と韓国内の鉄道とを「連結」することを「妨害」しないことを双方の「義務」とする、⑧これまでの韓国についての日露間の協約はすべて「撤回」する、というものであった。妥協点を見出しにくかった「中立地帯」設定問題は見送られている。

従来、一般にロシアの東アジア政策は、一九〇二年の満州還付条約以後、穏健派の蔵相ウィッテが皇帝の側近から排除されて、宮廷顧問官ベゾブラゾフらの強硬派によってすすめられたことが、日本にとっていちだんと大きな脅威をあたえることになったというような見解が流布されている。しかし、これは事実にあわず、日露交渉の段階ではベゾブラゾフの影響力は弱まっていたことは、ロマーノフの著書などでも指摘されていた。千葉功氏の論文はこの点をいっそう詳細に明らかにし、ニコライ自身は日本による「韓国占領」を認める考え方をもっていたともしている。これと同じような趣旨のことは、谷寿夫が一九二五年（大正十四）に著した『機密日露戦史』にも記述されている（三二頁）。もっとも、開戦直前の二月八日の極東総督アレクセーエフ宛の電文で、ニコライ二世は「戦争行動は我側よりせずして、日本より之《これ》を開始せんことを朕《ちん》は望む。故に日本にして若《も》し我に対し抗争の行動を取らざる以上は、南韓若《もし》くは元山以南の東海岸への日本軍の上陸は卿これを妨害すべからず。若し之に反し日本が韓国の西方面において軍艦を以《もっ》て上陸軍を擁護し、上陸軍にして北緯三十八度を超えて北進する場合には、日本軍の最初の射撃を待たずして卿は直ちに日本軍を攻撃すべし」と命じていた（千葉功、前掲論文）。これがいわばロシアの開戦直前の方針だったといえよう。

ともあれ、こうした事実から千葉氏は最終段階ではロシアも「満韓交換論」にかなり近づいており、ニコライ二世は日本の韓国占領を容認していた。だからこの局面で日本側からいえば「交渉中止・一部妥結と朝鮮半島占領を行うことで、韓国を犠牲にしつつ日露関係が安定化する事態も現出」する「可能性」があった。あるいは「日露交渉自体が継続すれば、同様の結果になった」ということもできるとしている（千葉功、前掲論文）。この場合でも韓国を「犠牲」にすることは前提になっていた。

だとすれば、なぜ、戦争になってしまったのか。日本の側についていうと、最大の問題は、「韓国安全」の「危機」を最大限にあおり、あるいはそれを「真実」であると思い込んだということがあげられねばならない。その経緯をたどってみよう。

韓国の「光武改革」

新たに大韓帝国と国名を改め、年号を「光武」と定め、皇帝に即位した高宗と官僚たちは、当初は独立協会の運動などに好意的な姿勢を示していたが、やがて一八九八年末にはこの運動を弾圧し、しだいに皇帝権力の強化をめざした。韓国政府は、土地調査事業である「量田事業」（土地を測量し、地主にその所有権を認める証書＝地券を発行する）をすすめて国家財政の安定化をはかることなどをはじめ、政府主導の電気・電車・電話・電信事業など殖産興業政策を推進した。また、国防力の強化をめざす武官学校の設立や地方軍の増設をおこなうなど、皇帝を中心にした支配層による上からの一連の内政改革をすすめようとした。「光武改革」とよばれるこの改革は、いわば開港以来朝鮮の支配層がすすめてきた近代化政策の最後の段階を示すものだったが、基本的には地主勢力を中心としたもので、一般農民の生活の安定や向上をめざすものではなく、その推進力も大きなものではなかった（鄭在貞『新しい韓国近現代史』）。これに対応する対外政策の路線が開港政策の採用だった。これは韓国が個別に特定の外国に「侵食」される事態をさけ、列国にひろく「開放」することで列強の勢力均衡をはかり、そのバランスのなかで韓国の対外関係の安定化をはかることを意図したものだった。政権成立当初には鉱山や鉄道の利権を外国に譲渡しないことを宣言したりなどしたが、それはごく一時期のことだった。

この開港政策によって、韓国は一八九七年から九八年にかけて木浦《モッポ》・鎮南浦《チンナムポ》、ついで馬山《マサン》・群山《クンサン》・城津《ソンヂン》の開港と平壌《ピョンヤン》の開市などを決定し、あいついで開港地に関する租界章程《そかいしょうてい》を各国とむすんでいった。このことが韓国における列強の土地獲得競争を激化させた。また、内政改革と関連して政府が新規事業に手をつけると、その財源を外国の借款に依存する結果をうみ、借款供与をめぐる列強の競争も激しくなった。とりわけ鉄道敷設権の獲得ないし借款の供与は列強にとって重要な関心事だった。

韓国におけるこうした土地と各種の利権をめぐる獲得競争のなかで、もっともはげしく争ったのはロシアと日本とだった。

ロシアは一八九六年に慶源《キョンウォン》・鏡城《キョンソン》の鉱山採掘権、茂山《ムサン》・鴨緑江《アムノッカン》右岸・鬱陵島《ウルルンド》の森林伐採権を、一八九七年には三水《サムス》鉱山の採掘権などをすでに手に入れていたが、さらに一八九八年には釜山絶影島《チョリョンド》の租借権、一八九九年に蔚山《ウルサン》・城津《ソンヂン》・真宝《チンポ》の捕鯨基地化、一九〇〇年に馬山南方の栗九味《ユルグミ》の単独租借権などを新たに獲得した。

一方、日本は一八九八年に京釜《けいふ》鉄道敷設権を認めさせ、翌九九年には三年前にアメリカ人モースに与えられていた京仁鉄道敷設権を買い取った。一九〇〇年には慶尚《キョンサン》・江原《カンウォン》・咸鏡《ハムギョン》三道の捕鯨権をえ、のちに京畿道《キョンギド》も漁業区域として認めさせ、同じ年に三井物産が人参の委託販売権を獲得している。さらに一九〇一年には稷山《チクサン》の金鉱採掘権をえたほか、租税を担保に五〇万元《ウォン》の借款を第一銀行が供与し、翌年には第一銀行券の韓国国内での流通を認めさせている。また同じ年に馬山浦《マサンポ》日本専管居留地取極書を調印させている。

アメリカ、フランス、イギリスなどもそれぞれ鉄道敷設権や鉱山採掘権をえている。

日本はすでに韓国の貿易で輸出額の八〜九割、輸入額の六〜七割を占めており、しかも以前とは異なって中継貿易ではなく、日本製の綿製品を持ちこみ韓国からは米や大豆を買い取るという段階に達していた。日本商人は開港場だけでなく韓国内に広く入りこんで活動していた。それにもかかわらず、政治的な力とむすびついた租借地や利権の獲得競争では、必ずしも絶対的な力をもつにはいたっていなかった。

馬山浦事件とロシアの栗九味租借問題

こうしたなかで、とくに日本とロシアとの間で政治問題化したのは「馬山浦事件」とよばれた馬山浦一帯の土地買収競争だった。

ロシアはその海軍政策から朝鮮南部の馬山浦や巨済島《コヂェド》を確保しようとした。ここに海軍の根拠地を築く計画である。旅順とウラジオストクのロシア艦隊をむすぶ重要な拠点をもとうというのである。

これに対して日本はこれまで「特別居留地」の設定をめざしていた。「特別居留地」ならその地域は日本の「専管」区域となり独占的、排他的に使用でき、軍事的に大きな利用価値をもつからである。しかし、この時期にはそれは不可能だったから「居留地内」の土地買収に方針を転換するが、これは文字どおり資金の大きさで勝負が決まる。居留地内は区画されてそれぞれの地区が競売にかけられ、最高額の入札者に売られる。資本力に乏しい日本にとっては厄介なことで勝ち目は少なかった。そこでさらに「居留地周囲」の土地買収に力をそそぐことになる。居留地の周囲一〇里（日本のおよそ一里にあたる）以内の土地購入は条約上認められていた。

ロシアが馬山に手をつけはじめたのは一八九九年五月ころからだったが、日本はこれに対抗してすぐさま政府の後押しをうけた民間人迫間《さこま》房太郎を中心にロシアの先をこして馬山浦一帯の土地買い上げに奔走させた。買収競争の対象地は居留地内ではなく、その周囲地であった。その結果、ロシアが当初獲得しようとした重要地域のなかに日本人所有地が点在することになって、ロシアがめざした土地は海軍根拠地としてはもはや用をなさないものとなり、ロシアの計画は失敗に終わった。失敗したロシアがあらためて巨済島の一部に目をつけるのではないかと恐れた日本は、韓国に「巨済島不割譲宣言」を出させた。こうしてこの事件は一応の決着をみた。ロシアは「栗九味《ユルグミ》単独租界地」を設定したが、これは条約上日本にも均霑《きんてん》されて、馬山浦日本専管居留地取極書の調印がおこなわれた。結果的にロシアはほとんど何の成果もあげえなかったのである。

そもそもロシアの栗九味単独租借地の設定を、ロシアの「海軍根拠地」設定だと大きな「恐怖感」をもったこと自体にも疑問点がある。海軍根拠地というとただちに旅順や日本にある軍港や要塞地を想定してしまうが、ロシアがきずこうとしたのは炭水供給と兵員の病院・休養施設などで、当時列強が世界各地に建設していたコーリング・ステイション（給炭地）ないしはロシアの提督マカロフが定義する「貯炭場若《も》しクハ第二等根拠地」にあたるものだったというのが事実に近いという（山脇重雄「馬山浦事件」『東北大学文学部研究年報』第九・一〇・一三〈上〉号）。

しかし、こういう事態が進行していたところへ、一九〇三年にはいってロシアが北方の竜巌《リヨンガン》浦《ポ》に軍事的に侵入し、占拠するといういわゆる「竜巌浦事件」がおこった。この事件が日露交渉に重大な影響を与えた。

開戦論の形成　日本がロシアとの交渉に基本方針を立てはじめていた五月、ソウルに駐在していた武官から大山巌参謀総長あてにロシア軍が韓国の平安北道竜川郡竜巌浦を占領し、鴨緑江口に兵站《へいたん》部の工事をはじめたなどの報告がはいった。しかし、同じ時期に在牛《ニュー》荘《チャン》領事から小村外相にあてた報告などではロシアの行動の真意は開戦準備などを意味するものではなく、満州各地や鴨緑江沿岸の鉱山・林業などの利益を「保全」するための「利権」に重点をおいたものであるという判断が示されていた。その後、この問題に関しては種々の情報が入り乱れて報じられることになるが、大山梓『日露戦争の軍政史録』によれば、「竜巌山上の砲台工事説」などもふくめて「現地の陸軍将校からの情報のごとき、国内世論を刺激する内容をもつ中傷悪意の報告が種々伝えられ、しかも現地の公使館、領事館等からの情報と、必ずしも相容れない真偽不明の報告が少なくなく、相互の情報に関する連絡も真に良好でなかった。露国森林会社の北韓経営のごとき、実は陸軍将校の情報とは異り、純粋な伐木事業であった」という。ロシアの森林会社がやとっていた「馬賊」が「素行不良」で首を切られた報復に仲間を集めて鴨緑江付近に出没して、会社を襲う危険があるというので、ロシア公使が韓国政府に竜巌浦にいるロシア人の保護を要請したことなども、竜巌浦へ公然と兵器を輸入し、防御工事をするための口実だとみなされたり、ロシアの御用船が韓国北部へ軍需品を補給していると「注目」されたりした。また、ソウルの日本公使館がロシアの森林会社の事業の妨害をはかって、権利の根拠も薄弱な義州の理材会社が韓国政府からえていた鴨緑江木材の伐採権を利用し、日清義盛公司という会社をつくって木材を伐採し筏《いかだ》にくんで運搬していたのを、ロシア兵が武力で威嚇して「略奪」したと伝えられ、「自衛権発動」の必要が声高に叫ばれたりもしたが、この事件にしても調査に出向いた公使館員とロシアの会社支配人との間で解決している。

それにもかかわらず、これらの事件を最大限に利用して、参謀本部の中堅将校たちのなかの「好戦派」が中心となって開戦論をつくりあげ、上層部をつきあげていった。参謀本部ではロシアの韓国北部における活動に対する判断を彼らに起草させたが、その際、原案のなかに開戦論に不利な内容があると報告を書き直させることまでもしたという（大山梓、前掲書）。

こうして陸軍を中心に開戦論が日露交渉のはじめのころからしだいに強固にかたちづくられていく。この議論の最大のよりどころは、韓国をロシアに制圧されては日本の存立は風前の灯火《ともしび》になってしまうということにある。これを防ぐためには、日露の兵力の比較からみて、いまこそ兵力に訴えてもわが要求を貫徹する「好時機」である。シベリア鉄道がまだ不完全でロシアはまだ態勢がととのっていない。日本にはイギリスとの同盟があり、そのうえ清国のロシアに対する「敵愾心《てきがいしん》」などの状況からみて、この好機は「今日ヲ逸シテハ決シテ再ビ得ヘカラス」。延ばせばのばすほど、ロシアの軍事的強化がすすみ、それだけ日本側に不利になるというものであった。

新聞と開戦世論

東京帝国法科大学教授戸水寛人《とみずひろんど》・小野塚喜平次《おのづかきへいじ》・富井政章《とみいまさあきら》ら、いわゆる七博士が政府に建議書を提出して、「満韓交換」の対露方針に反対する強硬意見を述べたのは一九〇三年（明治三十六）六月十日のことであったが、その内容は二十四日の『東京朝日新聞』に公表された。つづいて八月九日には頭山満《とうやまみつる》・神鞭知常《こうむちともつね》・佐々友房《さっさともふさ》らがそれまでの対外硬同志会を改めて対露同志会を結成した。会長は貴族院議長近衛篤麿《このえあつまろ》だった。彼らはロシアの満州撤兵を決議し、活発な言論活動をくりひろげた。これらがロシアに対する強硬な世論形成に大きな影響を与えたことはよく知られている。

当時、東京帝国大学医科大学教授をつとめていたE・ベルツは、「新聞紙や政論家の主張に任せていたら、日本はとくの昔に宣戦を布告せざるを得なかったはずだ」（明治三十六年九月十五日）、「日本の新聞の態度もまた厳罰に値するものといわねばならぬ。時事や東京タイムスの如き名声ある新聞ですら戦争を、あたかも眼前に迫っているものゝ如く書き立てるのだ。交渉の時期は過ぎ去った、すべからく武器に物を言わすべし――と」（同年九月二十五日、岩波文庫版『ベルツの日記』）と記している。

こうした時期に、一部一銭で日本の「ペニー・ペーパー」の「元祖」といわれる『万朝報《よろずちょうほう》』が開戦まぢかの一九〇三年十月十九日に社説に「戦争と新聞紙」をかかげた。事実を報道するのが新聞の使命だというが、実際には欧米の新聞はすでに読者獲得競争のために「事実の報道よりも寧《むし》ろ人を驚かすことを貴しと為す傾向あり、人を驚かしむるが如き事実の欠乏せる場合には、之を製造して報道す」る。とくにアメリカの新聞はこの傾向が強い。もう少し慎重なイギリスの新聞でも「戦時に於ては先を争ひて読者を驚かさんとする方に傾くことを」まぬがれていない。ボーア戦争では「様々の事を捏造《ねつぞう》して報道」し、義和団事件のときにはありもしない北京での「白人の多く虐殺せられたるを報じ」た。『タイムス』によれば「新聞紙の一欄に満る花々しき戦況の詳報は、其実廿字乃至《ないし》三十字の電報に過ず」という。近頃はイギリスの新聞もアメリカに似てきた。これに比較すれば、日本はまだましな方かもしれない。しかし、今日のように「対外事件の切迫せる場合には深く思慮する暇なくして日頃の態度を失ひ、報ずる者も突飛の事実を喜ぶこと無しとせず、是れは吾人が読者と共に深く戒む可《べ》き所なり」と、新聞の実態を自覚していた。これほど新聞の性格や現実の役割を充分知りながら、ついに『万朝報』もロシアの「脅威論」の渦にまきこまれ、みずから「開戦論」に論調を転換させた。

『時事新報』をはじめ各紙は、一九〇三年四月から七月にかけてロシアの「竜巌浦租借事件」を何度も報じ、その記事も「森林伐採」から「兵営建設」へとうつっていく。『万朝報』も十月九日の「最後の一断」にいたって、とくに韓国での日本の利権をロシアがいかに侵害しているかを列挙し、もちろん「大同江《テドンガン》沿岸」でのロシアの「木材略奪」事件などもあげ、「休めよ、口上の警告、紙面の抗議、空々たる千万言、畢竟《ひっきょう》何の効かあらん。猛然、最後の一断を下して我が新興の実力に訴ふるの名分ハ、彼の限りなき凌辱《りょうじょく》を内外に示すに於て優に余りあるにあらずや」と主張した。前日の社説の「戦は避く可からざるか」では、いったん戦争が始まれば「戦の他国を敵とするハ是れ海軍陸軍の戦ひに非ず、全国民の戦ひなり、五千万の忠良、悉《ことごと》く我が一身を以て戦ふが如き覚悟を発し、力を一にせざる可からず」と強調した。十二日付紙面のトップに内村鑑三《かんぞう》と堺利彦《としひこ》・幸徳秋水《こうとくしゅうすい》連名の二つの「退社の辞」が掲載されるが、同じ紙面に「朝鮮問題の根本的解決」を掲載して、「我が日本ハ今断じて之を我が有と為し、布《し》くに文明の仁政を以てして現在の韓民を救ひ、以て其のねじけ曲れる心性を鋳冶し陶溶して、全く日本民族と同化せしむるか、然らずんバ之を捨てゝ更に別途に向ふべし」と、政府に最後の決断をせまった。

政府の側がロシアに対する敵愾心を煽《あお》る世論づくりを意識的におこなった形跡もある。『原敬日記』はつぎのように記している。

世論操作の形跡

時局は頗《すこぶ》る切迫せし如く伝ふ、実際は蓋《けだ》し然らざるべし、対露同志会に政府多少の補助をなして教唆せし如くなるも輿論却《かえっ》て之《これ》を嘲笑する有様（明治三十六年十月十七日）。

昨日来時局切迫露国は戦争に決せし由、風聞頻々《ひんぴん》たり、号外を発する新聞紙多し、時局の成行に関して政府秘密政略過度の弊、国民は時局の真相を知らず……今日の情況にては国民の多数は心に平和を望むも之を口外する者なく……少数の論者を除くの外は内心戦争を好まずして而《しか》して実際には戦争に日々近寄るものゝ如し（明治三十七年二月五日）。

そして開戦直後の日記では、「我国民の多数は戦争を欲せざりしは事実なり、政府が最初七博士をして露国討伐論を唱へしめ又対露同志会などを組織せしめて頻《しき》りに強硬論を唱へしめたるは、斯《かく》して以《もっ》て露国を威圧し、因《よっ》て以て日露協商を成立せしめんと企てたるも、意外にも開戦に至らざるを得ざる行掛《ゆきがかり》を生じたるものゝ如し」、このため「国民心ならずも戦争に馴致《じゅんち》せしものなり、政府中には自己の功名の為め主戦論をなす者あらんが、実は真に戦争を好まざるもの多数なりしと思はるれども是亦《これまた》表面強硬を唱へたる結果引くに引かれざりしならん」（明治三十七年二月十一日）と。

また、この当時陸軍参謀本部員だった福田雅太郎少佐は、のちに書いた「日露開戦に至る迄」（『偕行社記事』昭和五年三月）でこう回想している。

其当時、陸軍部内に於ても、議論が様々でありまして……高級将校即ち将官以上の方々には、斯《こ》う申しては如何《いかが》かとは存じますけれども、露西亜《ロシア》に対しては到底戦争は出来ないと云ふ主義の人が、多かつたのであります……唯中佐、少佐即ち参謀本部なり陸軍省の中堅に居る所のものは、悲歌慷慨《こうがい》の余り、或は余り激烈であつたかも知れぬけれども、開戦論者が多かつたのであります……国論は其当時非常に沸騰致して居りましたけれども、何分露西亜は大国である故に、之に向つて戦争するのは所謂蟷螂《いわゆるとうろう》の斧《おの》だと言ふのが一般の情勢でありました……其時分、民間の世論は、七分三分でありまして、戦争をしては可《い》かぬと云ふ方の論が、強かつたのであります（坂本夏男「開戦に至る経緯と開戦を巡る世論」桑田悦編、前掲書）。

このように、日本とロシア双方とも外交交渉のはじめから戦争を決意していたわけではなかったが、たがいに戦争準備をすすめ、開戦も辞せずという「決意を誇示する」ことによって、それぞれ韓国と満州における自国の独占的権益の実現をめざした。その結果、勢い戦争に立ちいたらざるをえなかった。そして一九〇三年十二月以降、日本は主動的・計画的に開戦へとつきすすんだ（遠山茂樹『日本近代史』Ⅰ）。

日露戦争

苦戦の連続

開戦

一九〇四年（明治三十七）二月四日午後の御前《ごぜん》会議で、日本はロシアとの開戦を最終的に決定すると、すぐさま軍事行動にうつった。その日の午後九時三十分、第十二師団に臨時派遣隊の編成と韓国への派遣命令が下された。翌日には、近衛・第二・第十二師団を基幹とする第一軍の各部隊の動員と、日本の沿岸防備のために函館・対馬・佐世保・長崎・澎湖《ほうこ》島や東京湾・由良・広島湾・舞鶴・下関・基隆《キールン》など、各要塞の動員が命じられた。

一方、同じ五日に海軍には、黄海方面のロシア艦隊の撃滅と陸軍の臨時派遣隊の護送とが命じられた。すでに前年の十二月二十八日に戦時編成に入っていた海軍は三つの艦隊に分けられ、第一・第二艦隊が連合艦隊として行動することになっていた。翌日、連合艦隊は二手にわかれて佐世保港を出航した。そして、二月八日の韓国仁川《インチョン》港での両国海軍の砲撃戦、翌日の連合艦隊に

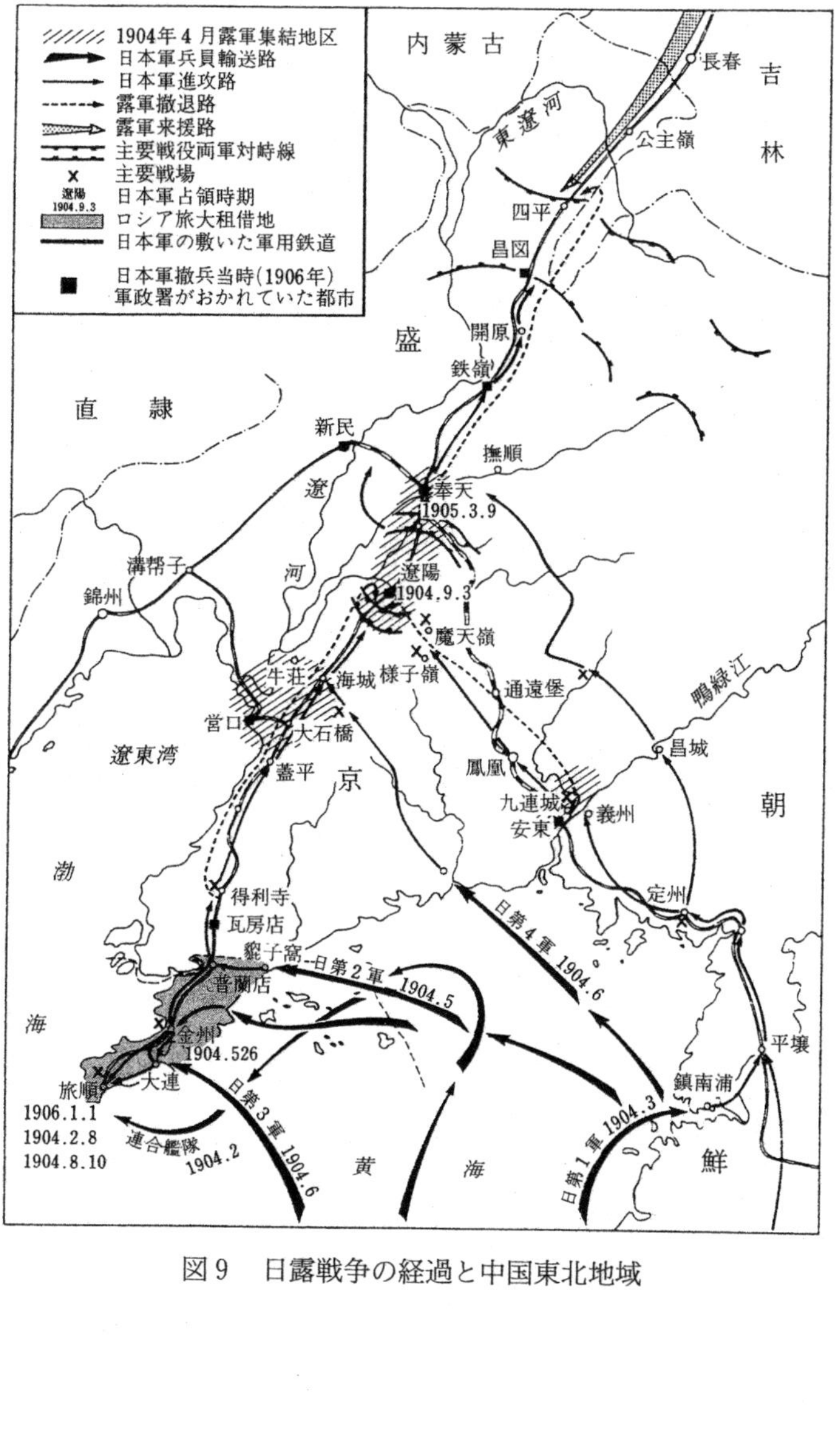

図9　日露戦争の経過と中国東北地域

よる旅順口《りよじゆんこう》攻撃と仁川港外でのロシア軍艦に対する攻撃とによって両国軍は戦闘状態にはいった。ロシアは九日に、日本は十日にそれぞれ宣戦布告した。

旅順口閉塞作戦

戦争がはじまって最初のころの戦闘のニュースは、海軍の旅順攻撃に関するものが中心だった。戦場となる満州や朝鮮半島に日本は大軍を送りこむのだから、どうしても海上輸送の安全を確保しておかなければならない。当時、ロシアは旅順とウラジオストクを基地にした「東洋艦隊」をおいていた。なかでも旅順のロシア艦隊をうちやぶることは、黄海の制海権を握るためにどうしても必要なことだった。

旅順港の出入り口はきわめて狭い。老虎尾《ろうこび》半島が港を囲い込むように突き出ていて、対岸との間はわずかに二七〇㍍余りである。しかも大型の軍艦が通航できる幅は九〇㍍余しかない。両岸には堅固な要塞に砲台が設けられ、ロシアは鉄壁の守りをかためている。だからいったん艦隊が港内に引っこんでしまえば、とうてい港の中まで日本の艦隊が進入して攻撃することなどできなかった。そこで旅順港の入口に古い汽船を沈めて軍艦の通航を不可能にし、ロシア艦隊を旅順港内に封じ込めてしまおうというのが「旅順口閉塞作戦」である。ロシア艦隊を港内に追いこんでおいて、夜の暗闇にまぎれて旅順口の近くまで汽船を進めて、予定した地点で爆破して沈める。汽船に乗りこんでいた兵士たちは同行する水雷艇に乗り移って帰ってくるという作戦なのだが、ロシア要塞の探照灯で発見されいっせいに砲撃される危険は大きい。暗闇のなかで予定の地点に達することも容易でない。まさに決死の作戦である。それでも、二月二十四日、三月二十七日と五月三日の三回にわたって、海軍はこれを実施した。

作戦は成功しなかったが、ロシア艦隊に港外に出撃してくる積極的な意欲をなくさせたことで目的の一部は達した。また、この間にロシア艦隊では日本海軍が敷設した機雷で戦艦ペトロパウロウスクが沈没し、マカロフ司令長官が戦死するなどの損害を出した。しかし、艦隊主力は旅順港内に残っている。そこへロシア本国から大艦隊（バルチック艦隊）が派遣されてくるという知らせが伝わってきた。ロシアがこの艦隊の派遣を決めたのは、四月三十日のことである。大艦隊の到着前にどうしても旅順艦隊を壊滅させ、しかも大艦隊を迎え撃つために日本艦隊を修復する時間をかせぐ必要もある。ここに陸上からの旅順要塞攻撃が欠かせない重要性をもってくることになる。

鴨緑江渡河

開戦直後の陸軍の行動は、まずロシア軍の前線までの行軍にはじまる。もっとも、このように言い切ってしまうと誤りにおちいる危険性がないわけではない。朝鮮半島を日本の軍事根拠地とするための軍事的な行動があるからである。このことは後にふれる。ここではロシア軍との戦闘にかぎっての話である。

二月八日に仁川に上陸した韓国臨時派遣隊につづいて、十六日に第十二師団本隊が同じ仁川に上陸した。三月十一日に第一軍の主力（近衛師団と第二師団）が朝鮮半島西北端の鎮南浦《チンナムポ》に直接上陸し、四月末には第十二師団をふくめた第一軍の三個師団が清国東北部と韓国との国境である鴨緑江《アムノッカン》地帯に集結した。この第一軍が四月二十九日夜から作戦行動をおこして鴨緑江を渡りはじめ、五月一日、ロシア陸軍と日露戦争最初の陸軍の戦闘を開始した。この戦闘では優勢な日本軍がその日のうちに九連城《きゅうれんじょう》一帯を占領し、五月十一日には鳳凰城《ほうおうじょう》まで進んで、次の攻撃目標である遼陽《りょうよう》への前進のために補給をまった。

南山攻略戦

一方、第一・第三・第四師団と野戦砲兵第一旅団からなる第二軍は、五月はじめから遼東半島の大連《だいれん》に近い塩大澳《えんだいおう》に上陸した。第二軍は半島のなかで最も幅の狭い金州《きんしゅう》・南山の一帯を占領する作戦行動を開始した。旅順のロシア軍を孤立させ、遼陽攻略に向かうために背後の危険をたつことが目的だった。しかし、遼陽にいるロシアの主力軍が南下して、離れすぎている第一軍と第二軍とを分断したり、旅順を防衛しているロシア軍とで第二軍を挟みうちにする危険性もある。これを防ぐために、日本軍は独立第十師団を中間地点の大孤山《だいこざん》に上陸させた（五月十九日）が、遼陽のロシア軍は動かなかった。第二軍は五月二十六日、金州・南山の総攻撃を開始した。

第一師団が正面から、第三師団が左翼から、そして第四師団が右翼から攻撃するという布陣で攻撃をはじめ、また第四師団の一部は金州城を攻めた。

この戦闘は予想をはるかにこえた損害を出した。南山はロシア軍が日本との開戦に備えて急いで要塞化して防備を固めていた。いくつもの堡塁をつくり砲台をきずき重砲を備えて待ち構えていたし、塹壕《ざんごう》には掩蓋《えんがい》（壕を守るために作った屋根にあたる覆い）を設け、しかも銃弾を打ち出すための銃眼を備えていて、機関銃が攻め上ってくる日本兵をなぎたおすように猛烈な掃射を加えた。さらにその前面は鉄条網と地雷とで固められていた。このようなロシア軍およそ二万の兵力に対して、日本軍は約三万六四〇〇の兵力、野砲二一六門、機関銃四八挺を集結して攻撃を開始した。

まず、砲兵隊がロシアの陣地に対して砲撃を加えた。発射した榴弾の数は三七四九発で、持っていた弾数のほとんどを打ちつくした。しかし、ロシア軍の砲兵陣地にはとどかず、機関銃陣地を制圧することもできなかった。それでもつづいて歩兵の突撃にうつった。身を隠すものもない平坦地を突撃してくる日本兵に対して、ロシアの機関銃陣地から激しい銃弾がおそいかかった。ほとんど無謀ともいえるこの戦法で多くの犠牲者が出た。ロシアの砲艦や駆逐艦が大連湾から砲撃を加えてきたのに対して、日本側も金州湾側から軍艦による砲撃をおこなった。それでようやくロシア軍側の要塞からの砲撃も衰えてはきたが、最終的な決め手は歩兵の突撃以外になかった。ロシア軍よりもはるかに多い機関銃を備えていたが、日本軍はその用法を誤り、熟達してもいなかったために効果をあげることはできなかった。

あまりの損害に参謀のなかには一時突撃を中止して態勢をたてなおすことを進言した者もあっ

たが、奥第二軍司令官は万難を排して攻撃をつづけよと命じた。ようやく日没まぢかになって第四師団がロシア陣地へ喊声《かんせい》をあげて突入しはじめた。午後六時三十分、第四師団の一部がロシア陣地の一角を占領した。ロシア軍はにわかに動揺しはじめ一時間余り後に旅順方面へ向かって敗走していった。

夜明け前からおよそ一四時間つづいた戦闘で第二軍は金州・南山を占領した。この戦闘で日本軍は、参加した将兵のほぼ一二%にあたる約四四〇〇名の死傷者を出した。また、この戦闘だけで約二二〇万発の銃弾（機関銃弾をふくむ）と三万四〇〇〇発余の砲弾を消費した。これは日清戦争全体で補充された銃弾の一・六倍、砲弾数はほぼ同じくらいの数になるという（大江志乃夫『日露戦争の軍事史的研究』）。現地軍が最初大本営に死傷者三〇〇〇名と報告したとき、大本営ではこれは一桁まちがいで、三〇〇名だろうといい、信用しなかった。のちに四四〇〇名という報告が入ってはじめて事実だと認めた。また、あまりの銃弾・砲弾の消費量に大恐慌をきたしたともいう。

この戦闘ののち第十一師団と第五師団が到着して第二軍に編成された。第二軍は、五月三十日に大連を占領し、そののち北方の遼陽にむかって進撃していく。

近代兵器を装備した大兵力の激突

日露戦争の陸戦は、ほぼ完成の域にまで発達した連発銃をもった大規模な兵力が正面から激突した戦争だった。

日本軍の小銃は日清戦争とは大きく異なり、連発の三十年式歩兵銃だった。黒色火薬にかわって無煙火薬が実用化されたからである。黒色火薬では銃を発射した後に銃口が煙でおおわれて、つぎに発射するためのねらいがすぐにはつけられない。無煙火薬になって連続して発射することができるようになった。また、発射のときの力もいちだんと大きくなり、有効射程距離も日清戦争当時の約二倍の一二〇〇メートルにまでのび、命中率もあがった。発射のときの初速も大きくなり銃弾の威力が増したので、銃弾を軽くし、銃の口径も小さくでき、銃自体の重さも軽くできる。銃も銃弾も軽くなると、兵士が携行する弾薬数が増える。日露戦争では、日清戦争のときの一・五倍以上にもなる、一銃あたり三〇〇から三三〇発が準備されていた。

いま一つ、機関銃が日露戦争では大きな威力を発揮した。これを戦争当初に有効に使用したのはロシア軍で、日本軍での活用は戦争中からはじまり、奉天会戦では威力を発揮した。また、電信電話が普及し陸軍でも海軍でも大きな役割を演じる。

野砲や山砲も、日清戦争当時の青銅砲から鋼製の速射砲である三十一年式野砲・山砲に一新された。遠距離の射撃につかう大砲で野戦砲兵の主力となる野砲の砲身は二・二メートル、口径は七・五センチ、射程距離は七八〇〇メートル。分解して馬の背などに積んで運べるように設計されている山砲は、口径は同じ七・五センチだが、砲身は一・〇五八メートルで、それだけ射程距離は短く四三〇〇メートルだった。どちらも日清戦争時の二倍以上になっていた。砲弾には榴弾と榴散弾とをつかった。砲弾の内部に炸《さく》薬《やく》をつめ、落下したときに爆発することによってその破壊力を大きくするしかけをもつ砲弾である。密集した歩兵部隊に打撃をあたえるのは空中で炸裂して数百の小弾子を飛ばす榴散弾であるが、堅固な要塞や陣地を破壊するのには榴弾が必要だった。日露戦争でとくに不足したのはこの榴弾である。

また、日露戦争では野砲や山砲ではロシアの堅固な要塞を破壊できなかったので、日本軍は要塞砲を第一線に出動させるという非常手段をとった。この要塞砲はがんらい敵の軍艦の来襲に備えてつくられたもので、本国の要塞に備えつけられた二八センチ榴弾砲である。これを分解して戦線にもちだし、急工事で備えつけてロシアの要塞の破壊につかった。そのほか、花火の打ち上げからヒントをえた原始的な迫撃砲や空き缶に爆薬をつめて導火線に点火して投げるという即席の手榴弾が新兵器として登場する。手榴弾は戦争中からしだいに計画的に生産されていく。

南山の戦闘は、これらの近代兵器で装備された兵力の戦闘の様相をはっきりと示した。これはのちの旅順攻略戦をはじめ、日露戦争全体の地上戦の戦闘の姿を示唆していたが、日本軍はこの教訓を充分には学ばなかった（この項、大江志乃夫、前掲書など参照）。

苦戦の連続と死傷者の増大

六月にはいって日本軍は、ロシア軍主力が集結していた遼陽を攻略する準備をととのえていった。第一軍には近衛後備旅団、後備歩兵三個大隊を、第二軍には第六師団を、独立第十師団には後備第十旅団をそれぞれ増強した。また、旅順港要塞を陸上から包囲攻撃するために五月末に編成された第三軍にも後備第一、第四旅団を増強した。そして第一軍と第二軍との中間にあった独立第十師団と後備第十旅団を強化して第四軍とした。これら満州にいる四軍を統率させるためにおかれたのが「満州軍総司令部」で、総司令官には大山巌《いわお》が、総参謀長には児玉源太郎が就任し、そのため参謀総長は山県有朋《やまがたありとも》にかわった。大山総司令官らが大連に到着したのは七月中旬だった。

これ以後、日露戦争での主な地上戦は遼陽会戦（八月二十四日～九月四日）、沙河《さが》会戦（十月中旬）と沙河対陣（一九〇四年末）、そして同じ時期の第三軍の旅順攻略戦（六月～年末）から、黒《こく》溝台《こうだい》の戦闘（翌年一月末）をへて奉天《ほうてん》会戦（二月下旬～三月上旬）へと展開していくが、ここでその経過をたどる余裕はない。いずれの戦闘も文字どおり苦戦の連続であった。

苦戦の第一の要因は、予想をはるかにこえた死傷者の続出である。銃砲の発達は、対峙した両軍の射撃戦の開始から最終段階の突撃までの距離を増大させた。そのため戦闘時間は長くなり、その間に銃砲弾による人的損害を大きなものにした。とくに堅固な陣地をきずいてたてこもり、突撃してくる敵兵をなぎたおすように陣地の銃眼から機関銃をうちまくるという戦法をロシア軍が開発していたことが、日本軍の人的損害をいちじるしいものにした。戦争の後半期には日本軍も機関銃の使用を効果的におこない、ロシア軍に大きな損害をあたえた。

遼陽会戦では、二二万余の兵力のロシア軍に、一三万余の日本軍が攻撃した。日本軍はかろうじてロシア軍を撃退できたが、二万三五〇〇名の死傷者をだし、兵士は疲れ弾薬は欠乏して、退却するロシア軍を追撃することはできなかった。開戦前の作戦計画はここまでしかたてられていなかった。

沙河会戦では、日本軍は約二万五〇〇〇名の死傷者を、ロシア軍は約四万二〇〇〇名の死傷者をだした。黒溝台での戦闘では、日本軍は最終的には五万四〇〇〇名の戦闘員を投入して死傷者九三〇〇名をだした。ロシア軍は一〇万五〇〇〇名を動員して死傷者一万二〇〇〇名をだした。日本軍はロシア軍のほぼ半数の兵力でロシア軍をかろうじて撃退したが、この戦闘は日露戦争の全体のなかで日本軍が遭遇した最大の危機だったといわれる。

旅順のロシアの要塞には、一九〇四年七月末、関東軍司令官ステッセル中将指揮下に要塞備砲三五〇門を備えたロシア兵約三万五〇〇〇名がたてこもっていた。これに対して、乃木希典《のぎまれすけ》司令官が率いる日本の第三軍による総攻撃は三回にわたっておこなわれた。第一回は八月の総攻撃で、連続六昼夜にわたって攻撃した兵力五万七〇〇〇名中一万五八〇〇名の死傷者をだして、攻撃は中止された。十月二十六日から十一月一日までの第二回総攻撃では四万四〇〇〇名の兵員を投入して死傷者三八〇〇名を出し、強固な堡塁を突き崩すことはできず中止した。十一月二十六日から十二月六日までの第三回総攻撃に参加した日本軍の兵力は六万四〇〇〇名で、そのうち死傷者は一万七〇〇〇名にのぼった。ロシア軍の死傷者の数はおよそ四〇〇〇名と推定されている。旅順攻略戦全体でいえば、日本はおよそ一三万の兵力を動員して、戦死者一万五四〇〇弱、負傷者四万四〇〇〇弱、あわせて五万九三〇〇余の犠牲をしいられた。ロシア軍は七七〇〇が戦死し、一万五〇〇〇が負傷したり病気にかかり、戦闘可能な兵員は二万二〇〇〇にすぎず、その多くが栄養不良であったという。

奉天会戦では、ロシア軍はおよそ三二万の兵力を集中していた。日本軍は、旅順攻略を終えた第三軍を加えて、第一から第四軍までの「満州軍」の総力を結集するとともに、一月に新たに編成していた「鴨緑江軍」をも協力させて、二五万の兵力でロシア軍に全面攻勢をかけた。兵力は双方あわせて五七万というこれまでにない規模の激突である。日本軍はかろうじて奉天を占領したが、この戦闘で死傷者約七万人をだした。第一軍と第三軍とが鉄道線にせまってロシア軍の退路を遮断しようとしたが、頑強な抵抗にあい、結局、包囲することはできず、ロシア軍はハルビンにむけて退却していった。日本軍の前進部隊は十六日には鉄嶺《てつれい》を占領したが追撃もそこまでだった。日本側の戦力はすでに限界に達していた。ロシア軍の損害も大きく死傷者約九万人、捕虜二万人に達したが、まだ余力を残していたといえる。

こうした人的損害を補うために、大本営は新たに野戦四個師団の新設と後備兵役年限を延長して後備歩兵四八個大隊を編成しようとした。遼陽会戦の時期までにすでに日本は開戦前の一三個師団のうち一一個師団を戦場に投入しており、国内に残っていたのは第七、第八師団だけだった。そのうえ六万五〇〇〇余の補充兵が戦場の各師団に送られていたから、なんとしても新たな兵力増強の方法をとるほかなかった。そこで、一九〇四年九月に徴兵令を改正して、補充兵の第一・第二の区別をなくし、すべてを「教育召集」の対象とし、この「教育召集」中に「補充召集」にきりかえて戦地に送り出す方式さえとられた。後備役の期間もこの改正で五年が一〇年に延長され、兵役年齢は三十二歳から三十七歳にまで五年間の延長が実施された。また、召集条例の改正が開戦直後の三月におこなわれていて、臨時に特例の部隊編成をすることから、まだ動員していない部隊に欠員が生じたとき、それを補充することを目的とした「臨時召集」の制度が新設されていた。しかし、師団の増設は簡単にはできず、第十三師団から第十六師団までの増設はすでに奉天会戦も終わっていた一九〇五年の四月から八月にかけてだった。また、肝心なのは将校の補充である。将校の不足は開戦当時から予測されていたので、士官候補生をふやしたり、教育期間を短くしたり、下士官を将校にとりたてたり、一年志願兵に特殊教育をほどこすなど、さまざまな方法をとった（大江志乃夫『日露戦争と日本軍隊』など参照）。

深刻な兵器補給

開戦直後から日本軍をなやませた深刻な問題は、兵器とりわけ銃砲弾の補給問題だった。

すでにみたように緒戦の南山の戦闘で日本軍は三万発以上もの砲弾を消費したが、これは開戦前の消費見積もりでは半年分にあたり、砲弾生産量の三ヵ月分にあたるという。旅順第一回総攻撃や遼陽会戦のころ、つまり開戦半年後のころにはすでに砲弾は完全な欠乏状態で、陸軍は急遽イギリスのアームストロング社やドイツのクルップ社に四五万発もの砲弾を注文した。この量は戦争中に消費した全砲弾のおよそ四三％にあたる。注文した砲弾が日本に到着するのは十二月以降とされたから、それまでは大規模な作戦行動はとれなかった。だから沙河会戦ののち、山県参謀総長にあてた児玉総参謀長名の電報にあるように、いまロシア軍は隊伍を整理して再び攻勢に転じる準備をしているようである、「故に此《この》機会に於て今一回打撃を与うるは最も有利にして、且《かつ》我兵力志気共に目下優勢の位置にあり。然《しか》れども如何《いかん》せん。砲弾欠乏のため、これを実行する能《あた》わず。現に全線ともに三、四百米より二、三千米の間に接触し、日夜銃砲火を交えつつあり。毎夜互いに数回夜襲の声を耳にするのみ。止むを得ず、沙河の線に堅固に陣地を構成し、唯だ弾薬の補充を待つは実に遺憾に堪えず」（谷寿夫『機密日露戦史』）ということになる。「沙河の対陣」にはいり、極寒の冬をむかえたが、日本軍には「対陣」以外に方途がなかったのである。

小銃弾の欠乏もすでに南山の戦闘で早くもおこり、遼陽に進攻する過程で六月におこった得《とく》利寺《りじ》付近の戦闘では、日本軍はロシア兵に石を投げて戦うという事態までおこっている（大江志乃夫、前掲書や山田朗『軍備拡張の近代史』など参照）。

ロシアの降伏はありえない

奉天会戦直後、三月十一日に長岡参謀次長は、この戦争でハルビンの占領は断念して、ウラジオストク方面と「樺太《からふと》」の占領を考えるべきだとする意見書を山県参謀総長に提出した。ついで三月二十三日に山県は桂首相・曾禰《そね》蔵相・小村外相にあてた意見書「政戦両略論」のなかで、おおよそつぎのように問題をたてて意見をのべている。軍事的には第一にロシアはまだ本国に「強大なる兵力」を有しているが、日本はすでに「有らん限りの兵力を用ゐ尽し」ている。第二にロシアはまだ「将校に欠乏を告けさるに反し」日本は開戦以来すでに多数の将校を失い「今後容易に之を補充する能《あた》はさる」状態である。この状態のなかで「第三期の作戦計画」をたてるにあたって、結論的には現在の占領地を守ることに徹するか、すすんでハルビンやウラジオストクまで攻めとるか、この二つのどちらか以外にない。しかし、ロシアをたとえ満州地域から追いはらったとしても、日本がペテルスブルグまで「侵入」しないかぎり「致命傷」を与えたことにはならない。だからハルビンを攻撃するというのであれば、ロシアの首都まで「進入する決心」がなくてはならぬ。一方、「守勢」をとるとしても、これも決して容易なことではない。ロシアは「一層強大なる兵力を満州に集合して大挙して南下を試むる」ことができるが、日本は「無為滞陣久しきに亘《わた》りて全軍の士卒漸《ようや》く倦怠の気を生する虞《おそれ》なきに非されはなり」。さらに、どちらにしても奉天からハルビンまでの補給路の確保は、鉄道建設とその守備兵力や兵器をはじめとする軍需物資の増強・補充、それに要する膨大な費用と時間とが不可欠である。意見書のむすびの部分で、作戦計画については「吾等自ら信ずる所あり」とはいうが、実際には「講和」を考える以外に道はないというに等しい意見書である（大山梓編『山県有朋意見書』）。こうして七月にはいり、講和条件を有利にする目的の「樺太占領」をおこなうのが、陸戦での最終的な作戦行動となった。

日本海海戦　ロシア本国の艦隊、バルチック艦隊がリバウ軍港を出航したのは、一九〇四年十月十五日であった。旅順とウラジオストクのロシアの「東洋艦隊」は四月三十日に「太平洋第一艦隊」と改称されていたから、ロジェストウェンスキー司令官が率いるバルチック艦隊は「太平洋第二艦隊」の名で編成されたものだった。ところがすでにみたとおり旅順の艦隊が壊滅させられたので、ロシアは急ぎ第三艦隊を編成して一九〇五年二月十五日にやはりリバウ港を出航させた。このため二つの艦隊が合流するまでに月日がかかった。五月上旬に両艦隊は合流し、バン・フォン湾を出て二十七日に朝鮮海峡に進入した。

前年十二月の旅順艦隊壊滅後、日本の連合艦隊はこのロシアから遠征してくる大艦隊を迎え撃つために修理、訓練、哨戒《しょうかい》などにあたり、準備をすすめていた。ロシアの艦隊の目的がウラジオストクのロシア艦隊と合流することにあることは明らかだったが、はたして朝鮮海峡のコースをとるのか、津軽海峡あるいは宗谷海峡のコースをたどるのか、最後まで判明してはいなかった。しかし日本の連合艦隊を二分することは、その戦力からいって不可能だった。日本は朝鮮海峡にしぼって迎撃態勢をとった。

五月二十七日から二十八日にかけて、日露両艦隊が朝鮮海峡で激突した。戦闘はこの時期の世界的な水準の近代的戦艦と装甲巡洋艦を中心に、四、五千メートルの遠距離からの主砲による砲撃の応酬ですすんでいった。双方の戦力はほぼ伯仲していたが、大砲の大きさではロシアがまさり、速力では日本艦隊がまさっていた。日本艦隊はその速度を最大限生かしつつ、単縦陣を基本にもっぱらウラジオストクにむかおうとするロシア艦隊に並航するかたちで、その撃滅を目標に戦いを挑んだ。

とくに威力を発揮したのは爆発力の大きい下瀬火薬を使った砲弾だった。砲撃の正確さでは日本がロシアよりもはるかに勝っていた。午後二時過ぎからはじまった昼間の戦闘で、艦隊行動を乱し多大の被害を受けたロシア艦隊に、駆逐隊や水雷艇隊が夕刻から猛襲をかけてとどめをさした。

およそ一日半の海戦で、ロシア艦隊は戦艦六隻と装甲巡洋艦三隻をはじめ計一九隻を撃沈され、五隻が捕獲され、二隻の病院船が抑留された。残りのほとんどは中立港に逃げ込んで武装を解除された。朝鮮海峡に入ってきたロシア艦隊三八隻のうちで、わずかに巡洋艦一隻、駆逐艦二隻、運送船一隻だけがウラジオストクにたどりついた。ロシアは約五〇〇〇名の戦死者をだし、捕虜は六一〇六名にのぼった。日本の損害は水雷艇三隻と七〇〇名の死傷者という結果だった。

この海戦の結果は講和への動きと連動していった。

「決死隊」の言葉に席を立った晶子

ところで、この本のはじめのところで与謝野晶子の「君死にたまふこと勿《なか》れ」にうたわれている晶子の弟、鳳籌三郎《ほうちゅうざぶろう》(宗七)は、後備第八聯隊の輜重輸卒《しちょうゆそつ》としてたしかに「旅順口包囲軍」のなかにいたと書いたが、晶子がその弟を気づかってこの詩を書いたころは、第一回から第二回の総攻撃がおこなわれ、つぎつぎと大きな犠牲者を出しているころだった。こういう戦場の様子はかなり国民一般にも知られていた様子で、このことと関連した一つのエピソードを記しておこう。深尾須磨子『君死にたまふことなかれ』によると、堺の知人河野鉄南《てつなん》が、この旅順総攻撃のころ東京の晶子の家にめずらしく顔をみせてこう語った。「大道筋からは、何でも五人が決死隊を志願したとかで、駿河屋さんの近くでも、若いのは殆ど出払ったそうですよ。忠君愛国もけっこうですが、何も戦争で死ぬだけがご奉公とはかぎりませんからな。こんなことを申しては弟さんのお志にすまないのですが、日本人はちといのちを粗末にしすぎる傾きがありますす」。河野氏の話にうなずきながらも、晶子はもうその座にたえられなかった。「ちょっと失礼……」彼女はよろめくように立ち上がって書斎にはいったという。「君死にたまふこと勿れ」を書かざるをえなかった晶子の心情の一端がみえてくる挿話である。

幸い弟は無事生還した。

一九〇七年（明治四十）に堺市兵事会が出した『明治卅七八年戦役堺市奉公録』には、第四師団への動員令が出て以来、堺市から日露戦争に応召した人名を列記している。そこには一〇〇二名の氏名が記され、さらに応召後本籍を堺市に移した者の氏名が三七名加えられている。鳳宗七の名は、ちょうどその中ほどに出てくる。

また、戦死者五〇名と病死者三七名、「廃癲者《はいこ》」一七名の氏名を記している。戦死者五〇名について『堺市史』や『靖国神社忠魂史』などで確かめてみると、一、二名の異同と不明者をのぞいて、第四師団第八聯隊に応召し、第二軍として戦死した人びとが、南山付近での六名、遼陽付近での一四名をはじめとして計二八名、後備第八聯隊として第三軍に編成された旅順攻略戦での戦死者が盤竜山、望台付近での一三名をはじめ計一五名、海軍に応召してやはり旅順港攻略での戦死者が三名、その他は近衛師団や将校として他の師団に加わっていた戦死者や詳細を確かめえない戦死者である。そのうちの二七名が戦死受勲者である。

また、生還した人びとには講和後の十月二十日、十一月三日、十一月二十九日の三回にわたって勲章伝達式が堺市でおこなわれているが、三回目の伝達式の「叙勲七等授青色桐葉章」の氏名一覧のなかに「輜重輪卒鳳宗七」の名がみえる。

戦　場――朝鮮と中国

韓国駐箚軍

日清戦争直後、日本は居留民と軍用電信線の保護を名目に臨時憲兵隊と歩兵一大隊とをソウル・元山《ウオンサン》・釜山《プサン》とに駐屯させていた。その後、一八九六年（明治二十九）の朝鮮に関するロシアとの二つの協定をふまえて、日本は歩兵聯隊から平時編成の一大隊と工兵大尉の指揮する電信隊・憲兵隊などを朝鮮に駐屯させ、一年交代で服務させた。歩兵部隊の中核と病院とはソウルに、歩兵各一中隊を釜山と元山とに配置し、電信隊と憲兵隊とはソウル・釜山間の電信線の保護にあたっていた。

そしていよいよロシアとの開戦に方針をかためた一九〇三年（明治三十六）十二月、韓国駐《ちゆう》箚《さつ》隊司令部をソウルにおき、これらの部隊を統率させた。同時に、参謀本部はロシアとの戦争では韓国を軍事行動の拠点とするという作戦計画の大前提から、第十二師団のうちの平時編成の歩兵四大隊で「韓国臨時派遣隊」を編成して仁川《インチョン》に上陸させることや、「先遣徴発隊」を派遣して兵站《へいたん》設置の準備にあたらせる作戦計画をたてた。先遣徴発隊は「開戦ヲ予期スル場合」の「準備手段」だったから「敵ニ対シ其《その》行動ヲ秘匿スル為作戦行動ニ移ル迄ハ服装ヲ変セシ」め、「紳士、技師、商人、工夫、担夫、漁夫等」の姿で送りこむというものだった。

一月、いよいよ事態が切迫してくると、陸軍省は韓国領内での進軍のために「糧秣《りようまつ》ノ収集ハ甚タ重要」なので、ソウルから釜山への重要地点である釜山・馬山《マサン》・河東《ハドン》・晋州《チンヂユ》・南原《ナムオン》・全州《チヨンヂユ》・公州《コンヂユ》・天安《チヨナン》などで「先ツ三井物産株式会社ニ命シ内密ニ買収」させ、その監督のために経理官六名を変装させて一月十四日に神戸港から釜山に送り、二月六日に先遣徴発隊の護衛隊だけに正規の軍装をさせて大阪から韓国にむかわせた。

韓国駐箚隊は、臨時派遣隊や第十二師団の上陸地点の設備や鉄道輸送、宿営などを準備し、二月六日には海軍の命令でロシアに通じる韓国内の主な電信線を切断した。

日露戦争の陸軍の軍事行動はこのように韓国での行動からはじまっていた。

開戦後の三月十日、「韓国ノ治安」維持と「作戦軍ノ背後」の諸設備をととのえて作戦行動を「容易」にする目的で、韓国駐箚隊を大本営に「直隷」する「韓国駐箚軍」に格上げした。歩兵一大隊と後備歩兵五大隊半を基幹とするものだったが、九月七日の駐箚軍司令部の改編で兵力は飛躍的に増強された。また、臨時憲兵隊にはじまって一九〇三年十二月に韓国駐箚憲兵隊となっていた憲兵隊も、この韓国駐箚軍の編成と同時にその隷下におかれた（前掲『日露戦争と日本軍隊』、参謀本部編『明治三十七・八年秘密日露戦史』、金正明編『日韓外交資料集成別冊・朝鮮駐箚軍歴史』など）。

中立宣言の無視と軍事占領

韓国政府は開戦直前の一月二十三日、「厳正中立」を宣言していた。日露関係が緊張を強めた前年の夏以来、韓国政府はたびたび韓国の「中立保障」について日露両国に申し入れていた。しかし日本政府は「苟《いやしく》も中立国たらんとする以上自ら之を保持するの決心と実力とを要する」、その決心も実力もない韓国の中立など問題にもならないという態度をしめし、日本にたよって財政や兵制を改革して国家の富強をこそはかるべきだと回答していた（『日本外交文書』第三十六年巻第一冊）。こういう態度の日本は当然のごとく韓国の「中立宣言」を無視して臨時派遣隊を上陸させ、首都ソウルに進駐させた。第十二師団に与えられた二月八日の命令は、首都以南の地域を軍事占領することだった。また、海軍は二月六日に馬山の電信局や、ついで釜山の電信局などを一時的に占領した。一方、ロシア軍も韓国北方の国境地域から侵入をはかった。そのため日本軍はロシアの機先を制して二月二十日から二十三日にかけて平壌《ピョンヤン》を制圧した。

そもそもこういう日本の軍事行動について、韓国政府の事前の承認を必要だとさえ日本は考えなかった。もちろん「中立侵犯」だとも考えていない。

戦争中、満州軍総司令部付国際法事務嘱託として従軍した有賀長雄は、戦後の一九一一年（明治四十四）に参謀本部の同意と協力をえて『日露陸戦国際法論』を著した。そのなかでこれらについて詳しく述べている。その要点と論理はつぎのようなものである。

日本軍が事前に韓国政府の同意をえて開戦当初の軍事行動を韓国内でおこなった（日本外務省は当初そういう公式発表をしていたが）という事実はない。韓国領土の一部でもロシアに制圧されては戦略上日本にきわめて不利だから、すべて日本軍の行動は対ロシア戦での戦略上の必要からおこなったものである。事態が切迫しているときに「韓国ガ中立ナリシヤ否ヤヲ問フノ遑《いとま》ナシ」、韓国がロシア軍の侵入をふせぐ力があるかどうかだけを判断すればよい。また、ロシアが先に韓国の「中立」を破ったという事実の後でなければ、日本軍が韓国に入る権利はないなどという議論は、「自国ノ利益ト安全」を保護する重要任務をもっている政府が「決シテ由ル所ニ非ザルベシ」、いったん韓国内に日本軍が入ったうえは、「凡《およ》ソ一国ノ軍隊ガ外国ノ領土内ニ入リタルトキハ、其ノ外国ガ之ニ同意スルト否トニ拘《かかわ》ラズ、苟《いやし》クモ軍隊トシテノ生存安全及目的ノタメニ必要ナル権力ヲ行ハザルベカラズ」これらの権利の主なものは「徴発、宿舎、軍律執行、就中《なかんずく》間諜《かんちょう》ノ取締」である。日本軍が韓国内でおこなったのはこの権利の行使であると主張している。日本軍の行動をすべて「合理化」できる「理論」である。

韓国の「保護国」化をめざして

日本軍は釜山とソウル間の道路の修理と韓国電信業務の日本軍による管理と利用など、上陸後の軍事行動の既成事実をつぎつぎと韓国政府に承認させ、ついで二月二十三日にいわゆる日韓議定書の調印を強行した。

この条約は、①韓国政府は日本の忠告を受け入れて「施政ノ改善」をはかる、②日本は韓国皇室の「安全康寧」をはかる、③日本は韓国の「独立及領土保全」を確実に「保証」する、④外国軍や内乱によって前記の②や③に危機が生じた場合には、日本は必要な措置をとり、韓国政府はそれに「便宜」をあたえ、日本に「軍事上必要」な土地を「臨機収用」する権利をみとめる、⑤韓国はこの条約の趣旨に反する協約を他の外国とむすぶことはできない、⑥この条約に関連する「未悉ノ細目」については両国の間で今後「臨機協定」する、という六ヵ条からなっていた。

有賀はこれによって「韓国ハ日本ノ保護国タルト同時ニ其ノ軍事上ノ同盟国ト成レリ」とした。また、日本は軍事的に必要な「徴発・宿舎・軍律施行」の権利行使をいっそう確実にしたばかりか、韓国地方官吏を日本軍に協力させること、韓国軍隊を日本軍の指揮下におくこと、日本軍の定めた計画で韓国政府に国防を充実させる権利を獲得したともいっている。もちろん、条文に明記されているとおり韓国で軍事上必要な地点を臨時収用する権利もえた。ただ「一般行政」の権利を日本軍がえたわけではないので、韓国住民に「課税」する権利はないと述べている。

五月三十一日に日本政府は「帝国ノ対韓方針」と「対韓施設綱領」を閣議決定した。前者で

「韓国ニ対シ政治上及軍事上ニ於テ保護ノ実権ヲ収メ経済上ニ於テ益々《ますます》我権利ノ発展ヲ図ル」としたが、ここで「保護ノ実権ヲ収メ」るというのは、すでに事実上えていたある程度の「保護権」をいっそう確実で完全なものにするということである。後者では、軍事・外交・財政・交通・通信・産業の六項目についての獲得すべき権限と政策の大綱がしめされていた。そして、八月二十二日に新たに日韓協約（第一次）をむすんで、大蔵省主税局長目賀田種太郎《めがたたねたろう》を韓国政府財政顧問に、アメリカ人スチーブンスを外交顧問に送りこんだ。「保護ノ実権ヲ収メ」る政策の実行にほかならなかった。

韓国駐箚軍の編成は、この日韓議定書の締結をふまえていた。以後、韓国駐箚軍は韓国を軍事支配した。七月二日、京元《けいげん》・京釜《けいふ》・京仁《けいじん》・京平《けいへい》間の電信線と軍用鉄道保護の目的をかかげて「軍律」を発布した。それは軍用電線・軍用鉄道に害を加えた者を死刑とすることをはじめ、犯人を匿《かくま》った者も死刑にする一方、密告者に賞金を与えるというものだった。さらに注目されるのはこれらの施設の「保護」を「全村民の責任」とし、村長を責任者として委員をきめさせ、事件が発生し犯人を逮捕できなかった場合には、連帯責任を負わせ、「保護委員」を「笞刑《ちけい》」や「拘留」に処すとしたことである。この連座制と告発者褒賞とは明らかに国際法「陸戦の法規慣例に関する規則」第五十条違反であることは承知のうえで、軍事上の必要と「脅嚇《きょうかく》」の目的で正当化した。そして早くも一週間後の九日には、その適用範囲を全韓国に拡大し、内容上も電線・鉄

図10　朝鮮を進軍する日本軍

図11　処刑される朝鮮人（『ラ・クロワ・イリュストレ』1905年5月21日）

道に限らず、軍用の施設・武器弾薬や軍需品への加害者にも準用するとした。ついで翌年一月六日、韓国駐箚軍はソウルとその周辺の治安警察権をも一方的に掌握して、いっさいの政治活動を取締り、日本軍の徴発を拒否した者にまで軍律を適用すると布告した（姜在彦『朝鮮近代史研究』、前掲『日韓外交資料集成別冊・朝鮮駐箚軍歴史』など）。また、この年の三月には韓国の対日協力をいっそう強めるため、韓国地方官の任命にまで韓国駐箚軍の認可を必要とすることに韓国政府を同意させた。しばしば交戦地域となり反日活動の強かった北部の咸鏡《ハンギョンド》道では、日本軍による軍政を施行した。韓国地方官を軍の指揮下におき、不都合な人物をやめさせたり、処罰するほか、日本軍人を地方官に選び、任命することもできるようにした。占領した巨済島《コヂエド》一帯では海軍防備隊司令官名の「軍令」が出され、海軍による同じような支配もおこなわれた（高秉雲『近代朝鮮租界史の研究』）。

この軍事占領下で、民衆は日本軍の徴発・労役や土地収用など、さまざまな軍事行動への協力を強制された。とくに韓国では兵站《へいたん》輸送のための人夫の徴用が多く、中国東北地域にまで朝鮮人人夫の駆り出しがおこなわれたが、その全貌は史料の制約もあってなお明らかにしえていない（大江、前掲書）。鉄道・電信その他の軍事施設のための土地収用とそれらの建設のための労役の強制も民衆の大きな負担となった。

こうして、日露戦争は韓国にとってはそのまま日本による「併合」への道を強制される大きな一歩を意味していた。

これに対して、徴用忌避・逃亡やさらには京釜鉄道にかりだされた軍役人夫の暴動（京畿内道始興郡、一九〇四年九月十四日）や京義《けいぎ》鉄道の軍役人夫の徴発をめぐる民衆暴動（黄海道谷山郡、同年九月二十五日）など、各種の抵抗があったが（海野福寿『韓国併合』）、いずれも散発的で日本軍によって鎮圧された。ただ、日韓議定書調印以来、繰り返し反日の上疏をおこない、ついにソウルを追われるにいたった前賛政の崔益鉉《チェイクヒョン》は、戦後いわゆる義兵運動の狼煙《のろし》をあげ、やがてそれは朝鮮半島全域に広がっていくことになる。

満州の民衆とロシア

同じ戦場になったとはいえ、清国の満州地域の場合は事情が少しちがっている。清国ももちろん日露戦争に厳正局外中立を宣言した（一九〇四年二月十二日）。清国については、列強の利害関係が複雑にからみあっていたから、中立宣言をまったく無視することは日本にもロシアにもできなかった。だから原則として清国の「各省及辺境内外蒙古」はすべて局外中立地域であり、当然、清国の主権下にある清国領土であり、その民衆も「中立国民」の地位を保障されねばならない。しかし、清国政府は遼河以西を除いて満州地域を「戦闘地域」と認めさせられた。「戦闘地域」とされることの意味は理論上では区別できる。日露両軍ともに「自ラ給養シ、徴発シ、防護シ、並ニ其ノ戦争ノ目的ヲ達セントスル権利ヲ有スル」だけで、あくまでも住民は「中立国民」であって、清国官吏の行政下にあるということになる。

しかし、これを実態として明確に区分することはとうていできるものではなかった。

それ以上に、この地域はそもそも義和団《ぎわだん》鎮圧戦争後もロシアが軍事占領をつづけ、そのことが日露戦争の原因の一つとなったのだから、この地域の民衆がまず直面したのはロシアの軍事支配と収奪とであった。ロシアが租借していた関東州を中心とする地域はまったくロシアの支配下にあったから、これは別にして、その他の地域でのロシアの占領中の軍政方針は、表面上は清国地方官の徴税権・行政権・司法権などの行使をみとめるものであった。しかし、占領地では実際には清国の地方官は軍事権や警察権を失い、官衙《かんが》や兵営も占領されて、とくに市域ではほとんど力をもたなかった。奉天、吉林、チチハルなどの各都市にロシアはコミッサールとよばれる陸軍将校の軍政官または民政官をおいて清国官吏をも取締まり、利用した（大山梓、前掲書）。このため実態は、もっぱらロシア軍の軍事的な必要性と支配の強化のために、清国の主権を無視して各地で清国地方官の権限を奪い、軍の政令にしたがわせ、その軍票の流通を強制したばかりでなく、民衆を労役に駆り出して砲台・塹壕《ざんごう》をはじめ各種軍事施設の建設に従事させ、食糧や軍需品の強制徴発をおこなった。開戦後もこの状態は激しくなりこそすれ弱まることはなく、遼河以西の中立地域さえも軍隊と軍需物資の輸送に使った。

これに対して、清国政府はなに一つ有効な対抗手段をとらなかったから、満州の民衆は、いわば国家から見捨てられたなかで独自の反ロシア闘争を展開した。その闘いは、民衆に決起をうながす政治宣伝にはじまり、労役や強制労働の忌避・逃亡や徴発・軍票使用への非協力から、示威行進などさまざまなかたちで現れた。とくにロシア軍にとって大きな打撃を与えたのは、義和団運動以来の伝統をうけついだ各地の武装部隊のゲリラ闘争で、それぞれは分散的で小規模なものではあったが、東北地域の重要地点にもおこり、しばしばロシアの東清鉄道を破壊し軍事輸送に打撃を与えた。また一九〇四年に組織された革命派の政治団体である「抗俄鉄血会《こうがてつけつかい》」（「俄」はロシアのこと）の活動などは、反ロシア闘争を積極的によびかけるとともに戦後の中国革命の運動につながっていくものでもあった（叢佩遠「日俄戦争期間東北人民的抗俄闘争」『社会科学戦線』一九七八年第四期）。

満州の日本軍

一方、日本軍も軍事行動の開始とともに当然のように、この地域で徴発・宿舎の確保、スパイ行為や「反逆」の「制止」を目的に「軍律」を施行する権限を有しているという前提で行動した。ロシア軍を追い払って占領した地域に対する日本軍の「占領軍政」については、軍の作戦行動の段階的変化に対応してその組織と制度が変えられていく（大山梓、前掲書）。

いくつかの注目すべき事項をあげておくと、まずロシアが租借していた関東州を中心とする遼東半島一帯は、開戦前からロシア軍が清国官吏を排除してロシア総督の完全な支配下においていたことを理由に「敵国領土」を占領支配するという原則を適用した。また、列国の開港場となっていた営口《えいこう》については清国がその地方長官たる道台《どうだい》の派遣を要求し、日本も同意したがその任命は戦後まで延期させた。外交は日本領事が担当し、行政・司法権などは日本軍の軍政委員が掌握していた。

その他の地域については、建前としては、「敵国領土」の占領地ではないから租税などのとりたてをおこなう権限はないものとされたが、実際は軍事的要請から種々の軍需品の徴発を必要とし、そのために清国地方官との間でしばしば紛争が生じた。軍票流通の強制と車輛や労役に対する公定対価による「売買」は、強権による「徴発」と異ならなかった。それどころか明らかな強制労働も課し、財産の所有権に制限も加えられた。軍隊宿舎として一般民家を使用するのも徴発権の行使としておこなわれた。韓国では官有物と空き家の民家は「同盟国」のものとして無料で使用することを建前としていたが、満州地域ではこれまでロシアが占領していた所をかわって日本軍が使用するのだから、「敵地」と同様とみなすという論法で占拠した。伝統的な家族生活にもとづく家屋の使用方法をまったく無視した日本軍人の侵入によって結果的には家屋を奪われてしまう場合や、戦争の危険を避けていったん避難していた住民がもどって来てみれば、日本軍によって家を奪われてしまっており、仕方なく付近に仮小屋を建てて住まざるを得ない場合もあった。

『日本外交文書』第三十七・三十八巻別冊日露戦争Ⅲには、一九〇五年（明治三十八年）三月に

占領して以後の鉄嶺《てつれい》における日本軍の軍政について概要を報告した「軍政紀要」が収録されている。そこには三月二十六日の軍政署の業務開始から、管轄区域、機構をはじめ三二項目にわたって記されており、末尾には開原《かいげん》や法庫門《ほうこもん》の軍政についても簡単に追加されている。二、三注目すべき記述を紹介しておこう。

まず、「露探捜索」の項では、憲兵のなかから少し言葉がわかる者二、三名を選び、それに「地方傭役ノ密偵」三〜五名をつけ、宿屋や飲食店など人の出入りのある所にそれぞれ取締法を設けて憲兵将校の指揮下で探索にあたらせた。その結果、三月から九月の七ヵ月間に捕らえられた「間諜嫌疑」者数は九六人。うち死刑一五人、監禁一四人、第四軍司令部への送致四人、放免六三人という数字をあげている。有賀の『日露陸戦国際法論』では、「間諜」という用語は「陸戦の法規慣例に関する規則」第二九条によればかなり限定された範囲しか適用できず、「間諜行為」そのものは戦争での「奇計ノ一種」で「犯罪」ではない。そこで別に「露探」という用語を設けて、「中立国又ハ同盟国ノ住民タル支那人又ハ朝鮮人」で、「日本軍ニ有害ナル行為ヲ為シ又ハ為サントシタル者」を「軍中叛逆」として処罰したという。「間諜」として中国人や朝鮮人を死刑にすると国際条約違反だといわれても仕方ないのだから、この区別は「甚《はなは》ダ肝要ナリ」ということになる。

「諸調査」の項では、戸口調査、職業調査、商店の状況、物資調査、物価と賃金、鉄道用地などの徹底した調査をおこなったことをあげている。つづく「第五章警察及衛生」の「第二節衛生」の第三項では「娼妓ノ検黴《けんばい》並駆黴《くばい》」について、「四月下旬軍隊ノ情態ニ稽《かんが》へ特ニ規則ヲ設ケ土民ニ公娼ヲ許可」したので「検黴並駆黴」の措置を厳重におこなったとして、五月から十月までの半年間に延べ三一三人を検査し、四二人を「駆黴入院」させ、「受検者百人ニ対スル不合格者比例」は一三・四一だったと記している。軍政下での住民に対する公衆衛生は、しばしば「強迫公衆衛生事務」となるが、これは占領地での衛生悪化はときに「我ガ軍ノ保衛及勢力維持ノタメニ危険ノ原因」となるのだから、当然のこととしておこなわれる。各種の衛生規則を定めて、家やその前の道路・溝などの掃除を怠ったことから、家畜の死体の遺棄、共同便所以外での用便、汚物の放棄、家畜や住民で伝染病にかかったものの無届けなどには、「一円以上二十円以下ノ罰金若《も》シクハ一日以上二十日以内ノ拘留」と、自らも「其罰科頗《すこぶ》ル過重ノ観アリ」とする厳罰をもってのぞんだ。

鉄嶺の軍政署は戦後の一九〇六年（明治三十九）八月まで存続した。

中国東北地域の民衆にとっては、侵略者がロシアから日本にとってかわったに過ぎなかった。軍政署が、清国地方官が担当するはずの地方行政・徴税・土木を主宰し、学校を創立したり各種の事業を実施したので、「多くの清国官衙は地方の住民から存在を忘れられた程であった」という（大山梓、前掲書）。

ロシアの戦争

遥かはなれた「極東」での戦争

一九〇四年一月一日現在、ロシアは一二の軍管区に分かれた、一一三万五〇〇〇人の常備軍をもち、予備役と後備役をふくめると約三五〇万の軍を組織できた。装備も世界水準に達していた。海軍力でも総排水量五一万トンに達するロシア海軍艦艇は、イギリス、フランスにつぐもので、日本海軍の二倍以上だった。

だが、ロシアの軍事力の主力は当然のことながらヨーロッパ地域におかれていた。ウラルより東におかれていたのはシベリア軍管区とプリアムール（沿黒竜江地方）軍管区の二つである。日本との戦争がはじまるまでに、ロシアと清国との国境地域のプリアムール軍管区と関東州の要塞地域におかれていたのは、歩兵六八大隊を中核に騎兵・工兵・砲兵などで構成されていた正規軍九万八〇〇〇、警備隊員二万四〇〇〇である。戦時の総兵力のおよそ四%前後にすぎない。

図12　極東に向かう兵士を見送るニコライ２世（『ロシア陸軍史』より）

しかもこれらの軍隊はプリアムール軍管区、ウラジオストク要塞、北部・中部・南部の満州地域など、広大な地域に分散して配備されていた。

それでもクロパトキンは一九〇三年七月に皇帝あてに報告した。「私たちは沿黒竜江地方の運命にたいしても、旅順《りょじゅん》港の運命にたいしても、完全に安心しておりますし、北満州を守りぬけるものと完全に期待しております」と。極東総督アレクセーエフも「なにも手ぬかりはしていない」と声明していた（ロストーノフ編『ソ連から見た日露戦争』）。

だが、戦争は長期化し、はるかに大きな規模の日本軍との激しい戦闘となった。開戦とともにロシアはまずシベリア軍管区から増援部隊をおくり、ついでヨーロッパ地域から部隊を移動させねばならなかった。シベリア鉄道を利用しても大軍を満州の戦場に集結させるのに数ヵ月はかかった。ペテルブルグから奉天まで、軍用列車を運行するのにおよそ五〇昼夜かかった。それでも日本が予想したよりは、はるかに早く兵力を集中した。

ロシア陸軍は開戦後九回の動員をおこなって、半年ほどの間に日本の野戦軍にほぼ匹敵する規模まで「満州軍」を増強していた。六〇ヵ所以上の退避線を設けて空の列車の運行時間をできるだけ少なくし、シベリア鉄道の輸送力を飛躍的に増大させた。戦争末期にはロシアの全野戦軍のおよそ四割を「極東」に展開し、ヨーロッパから多くの砲兵や火砲を満州におくった。そのためヨーロッパのロシア軍の一九〇〇年式野砲は三〇〇門しか残らず、それ以上の増強には応じられない状況にまでたちいたったという（参謀本部編『日露戦争ニ於ケル露軍ノ後方勤務』、ロストーノフ編前掲書、桑田悦「両国の戦力・作戦構想と大本営」桑田悦編、前掲書など）。

海軍についていえば、全ロシア艦隊の三分の一にあたる黒海艦隊は、国際条約によって戦時ボスポラス海峡を通過することは禁止されていたから、それを日本海域にまわすことはできなかった。結局、本国の艦隊をリバウ港から遥かかなたの日本の海域に送るほかなかった。だが、この艦隊は十月に出ても翌年の五月にいたってようやく日本の海域に到着できただけで、たどり着いたときにはすでに旅順の艦隊は壊滅していた。その戦力は計算上は日本の連合艦隊とほぼ同じだったが、実際には長い航海で途中に利用できる基地もなく、修理施設もないままに、ひたすらウラジオストクをめざすことを目的にせざるをえなかった。

「専制国ロシア」の「敗北」

日露戦争が、ロシアにとっては「遥かはなれた『極東』での戦争」だったという地理的な要因だけにロシアの弱点があったのではない。ロシアの「専制体制」から生まれたさまざまな矛盾と国内支配体制が急激に揺らぎはじめたことに、最も大きな弱点があった。

軍事的な要素についていえば、まずその高級指揮官たちに弱点がある。彼らは世襲的な貴族出身者たちであって、国内支配をささえる皇帝の側近として、軍事関係の「政治家」たちではあっても、戦闘指揮官としての能力を充分にもってはいなかった。高級士官団の昇進は遅かったから、軍団司令官の五割が六十一歳から六十五歳という高齢者で占められていた。高級指揮官の地位は、能力に応じてあたえられるのではなく、「素性や引き立てが高いかどうか」によった。だから彼らの多くは「まったく創意性に欠けていた」。彼らの大多数は、近代兵器体系の登場でおこった軍事行動の性格の変化や「軍事行動を作戦と戦闘とに分けることの必要性」を理解できなかった。「陣地戦の傾向」や「受動的で防衛的な傾向」が、彼らの意識に「深く根を張っていた」。

もっとも、十九世紀後半には必ずしも貴族の特権にとらわれない士官候補生学校や部隊の特徴に応じた教育機関や技術系の学校なども設けられた。高度な専門性をもった将校を育てるための陸軍大学の設立も本格化したという（橋本伸也「帝制期ロシアの教育システム」『ロシア史研究』第六〇号）。しかし、日露戦争期には高等教育一般ではなく、軍事に関する高等教育や中・下級士官を系統的に育て、補充するシステムが充分に成果をあげていたかどうかは疑わしい。「下士官要員のひどい不足は解消されなかった」し、「中級士官がひどく不足していた」。奉天会戦直後に山県有朋《やまがたありとも》は意見書「政戦両略論」で、ロシアはまだ将校に欠乏してはいないと述べていたが、ロシアの側でも将校の不足がおこっていたのである。一方、兵士たちの大多数は農民だったが、徐々に労働者出身の兵士が増えはじめていた。そして「陸海軍兵士の読み書きのできる数がふえたこともまた、革命的な見解が軍隊内に入りこんでいくのを促進させた」という（ロストーノフ編、前掲書）。

ロシアの国民すべてが戦争に反対であったり、無関心だったわけではない。まして「敗戦」を望んでいたともいえない。モスクワ県から全国によびかけられた戦時の義援金募集の運動は全国組織をうみ、その成果は二一四万ルーブルに達したという。だが、このような動きにさえ専制政府は脅威を感じ、内相プレーヴェはこれを抑圧した。民衆が組織されることは、それがいつ反政府組織に利用されるかもしれないという恐怖感に彼らはとらえられていたのである（加納格「帝政ロシアの崩壊を早めたツシマ海戦」歴史群像シリーズ㉔『日露戦争』）。

あいつぐ個々の戦闘での敗北は、上級指揮官たちへの兵士たちの不満と不信とを急速に増大させ、やがて体制そのものに不満をもつ諸階級の政治的反乱へとつながっていく。それはしばしばこの前後の時期のロシアの歴史を彩るテロによる政治家たちの暗殺から、労働者たちのストライキ、大規模な大衆の政治的示威行動などとなって現れた。作戦計画自体をも左右するような軍事的敗北は、これら国内の矛盾をいっきに激化させ、表面化させた。そしてついには軍隊の反乱さえ、ほかならぬ戦時下にひきおこしてしまった。

一九〇五年一月なかばのペテルブルグで、最大の金属工場プチロフ工場労働者の大ストライキにはじまり、ネフスキー造船・機械工場、エカチェリンコフスキー綿紡工場、ネフスキー紡績工場など、ロシアの基幹産業の労働者たちが八時間労働制と立憲制などを求めてたちあがった。首都は一〇万人もが参加する大ストライキに揺らいだ。司祭ガポンは皇帝に直接に請願しようと計画し、民衆をあおった。一月二十二日、日曜日、皇帝への請願書をもち、民衆は市の中心にある冬宮広場をめざした。請願書には労働者の保護、戦争の中止、立憲制の実施などを求める一七項目の要求が書かれていた。広場にたどりついた民衆をまっていたのは皇帝の姿ではなく、近衛聯隊の兵士たちの無差別な発砲だった。見物人もふくめ一〇〇〇人以上の死者がでた。この「血の日曜日」事件は、ロシアを革命のるつぼになげこんだ。帝国内の諸民族もロシアに反抗した。ロシア領のポーランド人たちは、ロシアの敗北を願って日本との協力をも計画した（阪東宏『ポーランド人と日露戦争』）。フィンランドでも同じような動きが現れた。

日本海海戦の敗北は事態をいっそう深刻にした。六月二十七日、黒海艦隊の戦艦ポチョムキンの水兵が反乱をおこした。ポチョムキン号は一〇日後にルーマニアの港にはいって投降したが、ロシア政府を講和にむかわせる要因の一つとなった。

戦費のための外債から「専制」を救う外債へ

ロシア政府は、一九〇四年の財政として一九億六六五〇万ルーブルの経常歳出のほかに、二億一二〇〇万ルーブルの臨時歳出を組んでいた。臨時歳出は国鉄と私鉄などに予定されていたもので、日本との戦争に予定されたものではない。戦争の費用は経常費の陸海軍省のもつ四億ルーブル余だけが確保されていたにすぎない（中山弘正『帝政ロシアと外国資本』）。軍事上だけでなく、財政上からも日本との戦争を必ずしも予定していなかったか、あるいは日本の戦力を過小評価していたのではないかと思わせる。

しかし、ロシアはこの戦争に総額一五億二四〇〇万ルーブルを費やした。石油製品への課税範囲をひろげることなど、一連の租税の引き上げをおこなったが、その程度ではたかだか数千万ルーブルの歳入増加しか見込めない。結局、六億八一五〇万ルーブルを外国資本にたよらねばならなかった。

開戦当初、ロシアは戦費を外債で募集することに自信をもっていた。一八九〇年代を中心に、急激な工業化政策をすすめるなかできずかれたフランス資本との密接な関係に、多大の信頼をよせていたからである。一九〇〇年度のフランス資本の全外国投資額の四分の一、ヨーロッパ地域への投資額の三分の一は、ロシア一国にむけられていた。しかも、開戦時期にはフランス資本は、イギリスのボーア戦争のときの短期借款や、アメリカのパナマ運河債の償還を受けて豊かだった。しかし、はじめからフランス金融界はロシアの戦費外債の引き受けに必ずしも積極的ではなかった。ロシアの東アジアでの軍事的冒険に危惧をもっていたことと、直接にはロシアの鉄道公債が、戦争による戦費外債発行の「思惑」から、額面の九二％にまで下がっていて、そこへ多額の戦費国債を引き受けては金融市場に混乱がおこることを懸念したからだという。そのためロシアは長期借款を望みどおりにはえられず、八億フラン（三億ルーブル）を利子五分、期限五ヵ年という条件で一九〇四年五月に成立させた。この年度中にもう一度ロシアはフランスでの借款募集を望んだが、フランスは冷淡だった。一九〇五年一月に、ロシアはかわってドイツから五億マルク（二億三一五〇万ルーブル）、利子四分五厘、期限六ヵ年の借款をえた。さらにロシア政府はますます戦局が不利になるなかで、戦線の拡大に応じるために、不足する戦費を三月に総額二億ルーブル、五分利付国内債の発行で確保しようとし、これを銀行に肩代わりさせた。加えて、五月に勅令で二億ルーブル、利子五分、期限九ヵ月の国庫証券の発行をさだめた。このうち一億五〇〇〇万ルーブルをドイツ借款団が引き受け、残りの五〇〇〇ルーブルだけがロシア国内の諸銀行によって引き受けられた。だが、この証券は短期だったからすぐさま返済の義務を生じる。この返済のために、また新しい公債の募集が必要となるのだが、戦争をつづけているかぎりそれはもはや不可能だった。

革命の危機と国際的な金融資本の動向から、ロシアも戦争を終わらせざるをえないところに追い込まれていた（信夫清三郎・中山治一『日露戦争史の研究』）。

そのうえ、一月以来の革命運動のたかまりが、ロシアの金本位制を揺るがせる事態にまで追いこんでいた。この危機を救ったのは一九〇六年五月の二二億五〇〇〇万フラン（八億四三七五万ルーブル）という空前の国債だった。引き受けたのはフランスの銀行を中心としたイギリス・オーストリア・オランダ・ロシアの金融資本団だった。いわゆる「反革命外債」といわれ、「聞いたこともない債務奴隷的条件」で取り引きされた。発行時八三・五%という低い発行価格がそれを示している。ヨーロッパの金融資本がロシア帝政の命を延ばした。「この国債が、皇帝政府に一九〇六年〜一〇年の全激変を生き延びる可能性を与えた。つまり、ザバイカル地方からもどった軍隊とともに、秩序と権力活動の自信とを回復させた貨幣の予備を与えた」とウィッテは回想している

(中山弘正、前掲書)。また、ウィッテは皇帝ニコライ二世から「外債の無事成立は、君の経歴に更に輝かしい一ページを加へることになった。これは一に政府の精神的努力の賜ものである。このことは、ロシア将来の安定と平和的発展の前提となるものである……」との書簡を受けたと書いている(前掲『ウィッテ伯回想記』)。しかし、ウィッテはこの外債が成立する直前の四月に、首相を辞任していた。ウィッテの辞任について、ニコライの日記にはわずかに一行「ウィッテの辞表を受け入れた」と記されているだけである。彼は、その後、一九一五年三月に世を去るまで、勅選の上院議員としてロシア財政の「ご意見番」を務めたが、ニコライには嫌われ続けた(保田孝一『ニコライ二世の日記』)。この間に、右の回想録は書かれている。

戦争と「列強」

日本の外債募集

戦費を外債に依存したのは日本も同じだった。戦争にかかった日本の費用の予算総額は、一九億八六一二万七〇〇〇円で、臨時軍事費だけでいっても一七億四六四二万一〇〇〇円だった。一〇年前の日清戦争の戦費の総額は二億四七万六〇〇〇円だったから、その九・九倍以上ということになる。戦費総額の七八・三%余が公債・借入金で、臨時軍事費総額に対する割合でいうと、実に約八五・五%である。そして特徴的なことは、日清戦争ではなかった外国からの借入れ、すなわち外債が六億八九五九万五〇〇〇円（実収額）もあったことで、戦費総額の三四・七%（臨時軍事費の三九・五%）を占めていた（安藤良雄編『近代日本経済史要覧』）。

この外債をどのように獲得するかは、開戦準備の段階から重要課題として意識されていた。開戦と同時に、政府は金子堅太郎《けんたろう》をアメリカに、末松謙澄《けんちょう》をイギリスに派遣して、親日世論づくりの対外宣伝活動をおこなわせるとともに、高橋是清《これきよ》日銀副総裁に欧米をまわらせて、外債募集に努力させた。当時の日本の経済力は国際社会でそれほど大きくはなかった。ロシア公債と日本公債の価格では、開戦時では日本がロシアにとうていおよばなかった。高橋の懸命の努力で、ようやく第一回目のロンドンでの総額五〇〇万ポンド《ポンド》の募集の見通しがたったのは一九〇四年四月だった。ところが、ちょうどそのころニューヨークのクーン・レーブ商会の支配人シフがロンドンに立ちよって、イギリスと同額の公債を同時にアメリカでも発行することを引き受けた。ドイツ出身のシフがロシア国内でのユダヤ人迫害に激しい怒りをもっていたことが、この背景にあったといわれている。イギリスでの外債発行は、発行銀行が募集事務を担当し、その銀行をはじめ有力金融機関が引き受けをおこなうが、さらにその下には引き受け額を分割して請け負う下請け業者が応募・勧誘や売れ残りの実際の引き取りをする構造になっていた。このときの発行銀行はバース・香港上海・横浜正金の三行で、引き受けはバンミュア・ゴルドン商会、下請けにはロンドン・ロスチャイルド家をはじめベアリング商会・カッセルなどを組織していた。ロスチャイルドをふくめたユダヤ系の国際金融業者にささえられた外債募集の成功だった（信夫・中山前掲書、神山恒雄「戦費とその調達」桑田悦編、前掲書など）。この第一回目が、一九〇四年六月の六分利付英貨公債八六八三万四〇〇〇円で、それ以後、第二回目が十一月の同じ六分利付英貨公債一億四六万四〇〇〇円、第三回目が翌年三月の四分半利付英貨公債二億五一一五万九〇〇〇円、第四回目が八月の四分半利付英貨公債二億五一一三万八〇〇〇円で、総計額六億八九五九万五〇〇〇円である（いずれも実収額。安藤良雄、前掲書）。この戦時中の外債募集はすべてイギリスやアメリカにささえられており、最後の四回目にわずかにドイツが加わっている。

戦争と日英同盟

イギリスとの軍事同盟は、たんに外交的・政治的・経済的に日本に有利な状況をもたらしただけではない。戦争の遂行や継続にあたって軍事的な側面でもきわめて有利な状況を日本にもたらした。

そもそも日露戦争時の日本の海軍力の主力がイギリス製であったことはすでに述べたとおりである。これを前提にしないでは日露戦争を戦う戦力は日本にはなかったといってもよい。このことは、戦争をつづけていくうえでもイギリスの協力なしにはやっていけないことを意味していた。戦時中、ある程度の兵器の修理や補給は日本の海軍工廠で可能ではあったが、主力となる戦艦や装甲巡洋艦の主砲や副砲の生産は日本の生産力ではできず、イギリスからの輸入にたよることになる。砲弾を発射するための火薬（装薬）はすべてイギリスのアームストロング社に発注したし、船体の材料の一部も輸入に依存した。本来、これらの兵器にかかわる物資の輸入は国際法上の戦時禁制品だった。それを高田商会のロンドン支店が、イギリスのボーア戦争の軍需物資の運搬を請け負ったワッツワッツ社を通じて調達し供給した。陸軍の弾薬や火薬などもふくめてイギリスだけでなく他のヨーロッパ諸国からもこのルートで調達され、二二回にわたって日本に運搬されたという（小林啓治、前掲論文）。

さらに同盟条約にもとづいてむすばれていた日英軍事協定では、海軍の燃料や通信政策についてもイギリスの協力が規定されていた。とくに燃料については、イギリスが戦時にはイギリス炭を月二万トンの割合で供給することになっていた。この結果、開戦前の備蓄一四万トンに加えて、八四万トンのイギリス炭を日本は輸入したが、戦争期間中の消費量はおよそ四〇万トンだったから、艦隊の燃料は豊富だった（同右）。

ロシアは、ハルビンに移動砲兵工場をつくり砲兵材料の修理機関としていたが、砲弾や銃弾を外国に注文せねばならぬことでは日本と同じだった。オーストリアやドイツ・フランスなどに注文している。ただ、ロシアの場合は国内での労働者のストライキが、砲自体の供給に遅れを生じさせていた（前掲『日露戦争ニ於ケル露軍ノ後方勤務』）。

戦争と列強

日露戦争は一般にこの時期の列強の二大陣営の衝突であったとも言われている。一方には、日本と同盟関係にあるイギリスとそれを支援するアメリカ、他方は露仏同盟とそれと一定の距離をおきながらも東アジア政策ではロシアを支援するドイツという対抗関係である。これまで見てきた十九世紀末以来の世界政治の大枠からみると、たしかにこのように言うことができる。しかし、戦時中の列強の動きはそれほど単純ではない。むしろこの時期にすでにはじまっているヨーロッパ世界での新しい動きに目をむけなければ全体像は見えてこない。

一八九八年のアフリカでのファショダ事件を境にして、フランスの植民地拡大政策の方向に変化が生まれはじめた。それまでのアフリカを横断してインド洋にいたる方向から、「コンゴ—地中海政策」の時代にはいりはじめたといわれる（横山信『近代フランス外交史序説』）。このことは、アフリカ分割をめぐってこれまで激しく対立してきたフランスとイギリスとの間に妥協の可能性を生みだした。さらにフランスはバグダード鉄道への投資活動にも消極的になった。こうしてフランスとイギリスの接近がはじまる。

また、一九〇〇年十二月にはフランスとイタリアの秘密協定が成立した。フランスがモロッコに、イタリアがトリポリ・シレナイカに、それぞれ特殊権益をもつことをたがいに認めあった。一八八一年以来ヨーロッパの国際政治の基軸となっていた三国同盟のなかのイタリアが新たな動きを示しはじめたのである。

一方、ドイツの小アジアへの進出が強まっていった。一八八九年にドイツはアナトリア鉄道会社を設立していたが、一〇年後の一八九九年に、この会社がバグダードを経由する延長線を敷設する許可をトルコ政府からえて、一九〇三年にはバグダード鉄道会社を設立した。

ドイツはこれらの「世界政策」と深くむすびついた大海軍の建設に着手した。とりわけ一九〇〇年に米西戦争やボーア戦争を口実にして、海相ティルピッツの構想にもとづいた第二次艦隊法を成立させたことは、イギリスに大きな脅威を与えた。ドイツは一九一七年までに戦艦三八、大型装甲巡洋艦一四、小型巡洋艦三八、駆逐艦九六をもつことを目標にかかげ、さしあたり一九〇六年までは毎年主力艦三隻ずつを新造するという計画である（小此木真三郎「イギリス帝国主義の軍事問題」『日本福祉大学研究紀要』三五・四一）。イギリスの危機感はいっきょに大きくなった。一九〇六年にはドイツが世界第二位の海軍国になるだろう。もし、ドイツとロシアとが手をむすべばイギリス本国が危ない。「北洋の危機」だ、東海岸に「北洋艦隊」を設置せよ。一九〇二年から一九〇三年にかけて「ドイツ海軍の脅威」はイギリス海軍の「固定観念」にまでなった。イギリスはフランスではなくドイツに対抗して主力艦隊をヨーロッパ海域に集中することや、同時に大規模な海軍拡張をはじめる必要にもせまられた。

日露戦争はこのようなヨーロッパでの大国の対抗関係に大きな影響をあたえた。

日露講和条約　一九〇三年秋からつづいていたエジプトとモロッコ問題についてのイギリスとフランスとの交渉に、日露戦争のはじまりは最終的な促進要因となった。日露戦争開戦直後の四月八日、イギリスとフランスの協商が成立した。両国はそれぞれに敵対して戦争している日本とロシアとの同盟関係をむすんでいた。しかし、フランスは戦争を日露両国の間だけに局限しようとして動いた。イギリスも日本を支援はしたが、自国が戦争に参戦する意図はなかった。そのためにも英仏協商の締結は急がれた。また、イギリスやアメリカは自国の清国における利益の発展のために日露戦争に関心をもっていたが、フランスとドイツにとっては同時にヨーロッパでの勢力関係のためにロシアの動きが重要だった。だから日露戦争の結果が重大問題であった（江口朴郎「第一次世界大戦史概説」『国際関係の史的分析』）。フランスがロシアの戦費外債の募集に示したあいまいな態度、ドイツの積極性とロシアの艦隊への石炭供給に便宜をあたえた態度なども このことと関連している。

ロシアの敗北と革命による帝政の危機が表面化すると、ロシアの「崩壊」をとどめるためにロシアの意を受けたフランス外相デルカッセは、四月、調停者の役割を果たすべく動いた。フランスの動きの背景には、ドイツ皇帝ウィルヘルム二世が三月末に突如モロッコのタンジールに上陸して、フランスの勢力範囲とされていたモロッコに脅威をあたえたため（第一次モロッコ問題）、フランスはドイツへの対抗上同盟国ロシアの戦争の早期終結をいっそう強くのぞんだという事情もあった。ドイツもまた、六月にはアメリカに日露講和の斡旋を希望することを伝え、他方でロシアにも講和実現を勧告した。

一方、もはや限界に達していた日本はそれ以前からアメリカ大統領ルーズヴェルトに講和の斡旋を依頼していた。アメリカはロシアにある程度の打撃をあたえたのちは、日本の清国への進出を抑制することが、自分の唱える門戸開放政策にかなうとの判断から、調停者として主役を演じた。日本がそれまでの戦闘では「勝利者」だったし、モロッコ問題の急迫でフランスは調停者の役を演じることはできなかった。

アメリカのポーツマス軍港で八月九日の予備会議ののち、十日から九月五日の条約調印まで日露講和会議が開かれた。日本側全権は小村寿太郎《じゅたろう》外相と高平《たかひら》小五郎駐米公使、ロシア側全権はウィッテ元蔵相とローゼン駐米大使だった。交渉は日本側の賠償金と領土割譲との要求にロシア側が強硬に反対し、決裂のおそれさえあったが、最終的には日本側が賠償金の要求をとりさげ、ロシア側が樺太（サハリン）の南部を割譲することを認めて妥協が成立した。無賠償での講和は列強の要求でもあった。日本側にもそのことはよくわかっていた。こうして、九月五日に講和条約十五条と追加約款二条が調印され、批准書の交換は十一月二十五日にアメリカ国務省で高平・ローゼン両代表者によっておこなわれた。

条約の主な内容は、日本の韓国にたいする「指導・保護・監督」の権利の承認、清国政府の承認を前提としてロシアがもっていた遼東半島での租借権と長春—旅順間の鉄道権益との日本への譲渡、ロシア領樺太の北緯五〇度線以南の日本への割譲、沿海州での日本の漁業権の承認、鉄道守備のための日本兵の配置の承認などであった。清国と関連した交渉は十一月に小村外相と袁《えん》世凱《せいがい》との間でおこなわれ、日本はロシアがかつてもっていた以上の権益を清国にみとめさせた。

しかし、賠償金をとれなかったことへの国民の不満が条約調印直後に爆発する。

日露戦争と国民意識

日露戦争と国民

のしかかる増税と国債

戦争費用の四割ちかくを外国資本にたよったことはすでに述べた。もう一つの財源は国民に対する増税と強制にちかい国債募集だった。

戦争がはじまるとすぐに、政府は「非常特別税」をとることにした。これは一九〇四年（明治三十七）の三月と翌年一月の二回にわたって、専売事業による政府歳入の増収とあわせて計画し、実施された。「非常特別税」というと、こういう名称の税金が新設された印象をあたえるかもしれないが、そうではない。これまでの主な税金を引き上げたり、さまざまな名称の税金を新しく設けたこと全体をさしてこういうのである。すなわち地租・営業税・所得税・酒税・砂糖消費税などをひきあげ、小切手印紙税・通行税・織物消費税・米籾輸入税などを新設した。煙草を完全な専売制に移したり塩を専売にしたりもした。

一九〇四年三月の第一次計画では六二二〇万円、一九〇五年一月の第二次計画では七四一三万円、合計で一億三六三三万円をみこんだ。この額は戦前の一九〇三年の国家の租税収入よりも約一千万円少ないだけである。つまり戦争がはじまると、国民はすぐさま一年分の税金を余計に負担しなければならぬことになった。しかもこの政府原案を審議した帝国議会は、地租・所得税・織物消費税の増徴額は減らし、酒税・砂糖消費税・通行税や関税・煙草専売の益金・印紙収入などを増やすように修正した。また、所得税については法人所得税を個人所得税より優遇するようにした。もともと分離課税で優遇されていた利子所得に対する税金は引き上げないようにしようともした。それは国債募集の成果があがるようにするためだと説明された。煙草専売の益金と関税とは外債の担保にあてられた。

要するに、国民一般に対する課税が大きくなり、法人である企業や株式などの利子で生活する上層の人びとは優遇されたことになる。こうして国民の直接払う税金が重くなっただけではない。間接税である消費税があがると、当然のことながら物価も上がった。国民生活は苦しくならざるをえない。

いくら「非常時」だからといっても国民の負担能力には限界がある。国家がとる税金が重くなると、府県や市町村の税収はおさえざるをえない。そのため府県などの財源は減るから、教育費や土木費などの支出を削るほかない。計画されていた学校の拡充や住民生活に直結する道路建設などが中止されたり、あと送りにされたりした。工事にたずさわるはずだった大工や土工、日雇人夫などの人たちの生活基盤がおびやかされた。そのうえに戦時国債への応募と献金とがのしかかってくる。

一月に政府は、元老井上馨《かおる》と松方正義《まさよし》の仲介で有力銀行家たちに協力を要請して、第一回目の国債発行に見通しをつけて開戦にふみきった。そののち、政府から府県・郡市・町村という行政組織を通じて国債への応募高をきめ、割りあてた。市町村長や役場の吏員、はては警察官までが動員されて国債応募の「勧誘」にまわった。市町村長が先頭にたち、部落総代を集めて応援させ、最後は一軒一軒を戸別訪問して勧誘する。勧誘といっても強制にちかい。五回の国債募集で総額およそ四億三五〇〇万円があつめられた。

当時、戸数一万三九七三戸、総人口四万九六八〇人（一九〇六年一月現在）の堺市からは、先に述べたとおりこの戦争に一三〇〇名余の兵士を送り出していた。この堺市でも、国債募集や金品の献納に、市長が先頭にたって市内資産家を集めて宣伝し、市の吏員がそれぞれ中産以上の各戸を戸別訪問して勧誘した。五回の国債募集の総額は二三一万九四二五円に達した（前掲『明治卅七八年戦役堺市奉公録』）。戦時中の市の歳入がほぼ一〇万円前後（開戦前二年のそれは一一万五〇〇〇円から一四万七〇〇〇円余）だったことを考えると、この額がいかに大きなものだったかが推測できよう。

軍工廠の職工

開戦前から砲兵工廠《こうしょう》や海軍工廠は「臨戦体制」にはいっていたが、戦時ともなると職工たちの仕事はいよいよ辛く苦しいものになった。『週刊平民新聞』にこんな記事が紹介されている。

呉より／海軍造兵廠の一職工／時間切迫したとかにて吾々《われわれ》職工一同は、たつた三時間の睡眠時間を与へられしのみにて、二週間ぶつ通しに働かされしが、其《そ》の為《た》め、可哀さうに、六人の職工は工場にて即死仕り候、吾々も以来身体が何んだか変に候、長時間労働の恐るべきことを、今度と云ふ今度こそ深く感じ申候。（明治三十七年二月十四日）

長時間労働／戦争の影響として工場の労働者が甚《はなは》だしき長時間労働を強ひられつゝある事は毎度記したる通りなるが今又呉海軍工廠より左の報知を得た／昨年十二月より当月に掛け呉海軍工廠の繁忙には実に恐入申候、造船工場抔《など》は職工の九分通りは一週間づゝ宅へ帰る事を許さず、為《ため》に神経衰へ皮車《ひしや》に行当りて即死を遂げ候者一名、一週間目に家に帰りて湯に入りしまゝ死亡したる者一名、新造船より海中に落ちて死亡したる者一名、僅《わず》か二尺ばかりの溝に落ちて死亡したる者一名有之《これあり》候……幸ひに私の方は左様なる事に出会ひ申さず有りがたき次第に候、それにても三十四時間勤めさせられし事は度々《たびたび》有之候（第十四号五頁「呉より」参照）／是《こ》れ豈《あ》に堪《た》へ得《う》べき事なるか。（明治三十七年二月二十八日）

いまふうに言えば、強制された「過労死」の続発である。

東京砲兵工廠でも、安全を無視した作業の強行と徹夜作業の連続で、工場災害がしばしばおこり、職工たちは病気で欠勤している。『週刊平民新聞』が一九〇四年八月、一ヵ月間の毎日の病人や負傷者の数をあげている（明治三十七年九月十一日）のをもとに、大江志乃夫氏はおよそ一万六〇〇〇人の在職職工の三分の一以上が一ヵ月間に発病したり負傷していることになると述べている。また、一九〇五年（明治三十八）五月二十九日、ちょうど日本海海戦の勝利が伝えられるころに、東京砲兵工廠の工場内で大爆発事故がおこり、職工数十名が死傷した。この事故に、陸軍大臣は「近来此ノ種ノ場所ニ於テ災害頻発スルノ事実アルハ実ニ遺憾ニ堪ヘザル処ナリ」と訓示した。だが、現場監督者は犠牲者の出ることを覚悟のうえで、ただ「僥倖《ぎょうこう》」と「天佑《てんゆう》」をたよりに危険な作業を徹夜でやらせることを、当の陸軍から「厳命」されていたのだから、陸軍大臣の訓示は責任のがれでしかなかったとも指摘している（大江志乃夫、前掲書）。

それでもロシアとちがって戦争中に職工たちのストライキはたしかにおこらなかった。しかし、それだからといってこれを職工たちの自発的な「愛国心」の「発現」とはとうてい言いがたい。過酷で危険な労働を「強制」されたというのが実態であった。

子供を殺してまでも戦場へ

『週刊平民新聞』の一九〇四年二月二十八日付（十六号）五面に、「予備兵召集の悲惨」と題してすさまじい記事が掲載されている。

その一つが「子を殺して召集に応ぜんとす」というものである。熊本県鹿本《かもと》郡のある村で一人の男性が予備召集をうけた。妻が驚きのあまり卒倒して亡くなってしまった。彼は泣く泣く子供二人を村役場につれていって「扶助」を願い出たが、すげなくことわられてしまった。そこで「斯《か》かる手足まといのあればこそ我が決心も撓《たわ》むなれイデ刺し殺し行かんとて」無残にも二人の子を自らの手にかけて殺した後、応召した。そのほかにも、召集に応じて行く道中で、残してきた家屋に火事がおこり老母も焼け死んだと聞いたが、引き返しもせず兵営に向かった茨城県のある村の兵士。加賀から夫婦で北海道に出稼ぎにきていたが、夫が召集された。仕方なく妻は家財衣類を売り払って帰郷の途についたが、ついに路銀がなくなり乞食になってしまったという話、等々である。

同じようなすさまじい事件はこれ以外にもある。長野県の東筑摩《ちくま》郡松本村では、離婚して、年老いた母と三歳になる娘と暮らしていた男性が、出征するために離婚した妻のところへ娘をあずけようとしたが断られ、たのみに行った帰り道で「後顧ノ念ヲ取除」くため自らの手にかけて殺してしまい、その死体を二階に隠して、母には妻に託してきたと偽って出征した。これを県が公式に記録すると「常軌ヲ逸シタ」行動ではあるが、一面では「志気ノ激昂」と「奉公的観念ノ如《い》何《か》ニ強カリシ乎《か》」を証明する事実として「美談」につくりかえられたという（『明治卅七八年長野県時局史』、大江志乃夫、前掲書）。

このようなすさまじいことばかりがおこったとはいわないが、多かれ少なかれ後に残された出征兵士たちの家族の生活は困窮におちいった。これに対する救護策は緊急の課題となる。

銃後の後援活動の実態と意味

さまざまな地域団体の協力が要請され、行政組織が直接にそのための施策と組織づくりにのりだした。どの地域でも尚武会、兵事義会、将兵義会などの名の銃後後援組織がつくられていった。

堺市にはすでに一八八八年（明治二十一）五月に創立された堺市兵事会があった。この組織は、事務所を市役所におき、市長が会頭をつとめ副会頭には市助役をあて、委員や幹事には市の有力者たちが選ばれるという、文字どおり官製的組織だった。会の目的は「本市出身軍人ヲ優遇シ其家族遺族ヲ援護スル」（規約第一条）ことにあった。財源は「有志者ノ寄付金品」を基本にして、役員は無報酬で活動する「手弁当主義」を建前としていた。堺市での銃後後援活動はこの会を中核に、各宗派の寺院住職有志で組織した報国義会、堺婦人会、愛国婦人会堺幹事部、堺市参事会や堺市教育会など、一三団体の協力をえながらすすめられた。

援護活動の基本方針は、「各自自営の念を懐《いだ》かしめ、一面懶惰《らんだ》の弊風を未然に防止せむこと」にあった。政府の基本方針そのものである。そのために堺市では「授産工場」を設立して作業を開始した（一九〇五年一月四日）。出征家族遺族のなかから「労務に耐ふる者」を集めて、軍用の被服、下着、病衣、蚊帳《かや》、背負袋、包布などを裁縫するのである。陸軍被服廠大阪支廠と請負契約をむすんで材料の供給と指導を受けて仕事をすすめ製品をおさめた。従事者は最初のころはそれほど多くはなかったが、やがて一日平均五、六〇名から一〇〇名前後になった。厳格な就業規則が定められている。前文で最も強調しているのは「独立自活ノ美風ヲ養ヒ一面出征ノ勇士ヲシテ後顧ノ憂ナカラシメン」ことである。工場内には就業者たちを学習させる教育部をおき、また保育部を設けて就業者たちの幼児を保育した。この工場には「授産工場作業者貯金規約」があり、原則として就業者たちは働いてえた工賃の一割を毎月貯蓄することを義務づけられていた（後でふれる「被援護者」は五分）。貯金通帳は工場の管理者がまとめて保管する。いったん貯金したものは就業期間内に払い戻しを要求することはできなかった。

　作業場では、「堺市軍人家族遺族共励作業場就業者奨励の歌」を歌わされた。「本場《ここ》に作業《しごと》をする婦女《もの》は／天皇《きみ》の詔勅《みこと》をかしこみて／外征《いくさ》に出《い》でし兵士《つはもの》の／家族《かぞく》、遺族《いぞく》の団欒《まどゐ》なり」ではじまる歌詞は、戦地で苦闘し、あるいは名誉の戦死をとげた兵士にひたすら想いをはせ、「堅実《かた》き勇《ゆー》気《き》を」を奮い起こし、作業と貯蓄にはげみ、仕事のあい間には手紙を書くけいこをし、子供の教育にも怠りなく、「風雨寒暑《ふーうかんしょ》は何《なん》の其《そ》の／只管《ひたすら》勤倹自活《きんけんじかつ》して／適《あつぱれ》、日本軍人《にっぽんぐんじん》の／家族、遺族と称《い》はれなん」というものである。

　この授産工場で就業することもできず、生活困難におちいり、親族や友人たちからも援助を受けることができないと判定された出征軍人の遺家族にあたえられたのが援護の金品である。これには厳しい「内則」と「審査会規則」とがあり、自営・自活の可能性や親族などからの援助の「見込み」あるものは、最初から除かれる。援護金額の基準は、一日一人、十五歳以上は一二銭以内、十五歳未満三歳以上は八銭以内、三歳未満は五銭以内である。そして出征した兵士が死亡したり負傷や病気で除隊すれば、その翌日からこの援護金は打ち切られる。特別賜金《しきん》や扶助の年金に切りかえられるからである。

堺市でこの援護金を受けたもの（被援護者）は、一九〇四年（明治三十七）三月から一九〇六年（明治三十九）四月までの二六ヵ月の間に、延べ三六七五戸、八〇三七人で、援護費総額は八九〇二円三八銭である。毎月もっとも少ないときで八、九十人、多い月には四五〇人をこえている。戦局が終盤にはいって最も苦戦し、数多くの犠牲者をだしていった一九〇五年一月から講和がむすばれる九月までの時期が四〇〇人をこえている。このほか、出征軍人家族の小学生の授業料が免除され、その数は二六九名である。堺市兵事会にとってこのような「家族遺族を援護する」仕事は本来の目的に「伴随して生したる其結果」にすぎない。

慰問と弔魂と祝勝

堺市兵事会が最も力をいれたのは会の目的にある「本市出身軍人の優遇」である。すなわち出征軍人の歓送迎、出征兵士への慰問、戦病死者に対する弔魂《ちょうこん》祭典などである。

この会を通じて出征兵士たちに送られる慰問品には、必ず会頭すなわち堺市長の手紙がつけられていた。最初のものはごく短く「后顧《こうこ》ノ御心配ナク軍務ニ御尽力相成度尚軍国多事幸ニ自重セラレヨ」という主旨のもの（一九〇四年五月一日付）だったが、戦局がすすみ戦果が伝えられてくるにしたがって、「戦勝」のよってきたるところは「陛下ノ稜威《みいつ》」と兵士たちの「苦心惨憺《さんたん》只管《ひたすら》邦家ノ為メ忠節ヲ致サレタルニ帰ス」ますます「義勇奉公ノ精華」をあげ、「大和民族ノ真面目」を発揮せられんことを「嘱望」するという文面になる（六月十六日付、陸・海軍宛）。翌年五月には市の「授産工場」の成果をうたいあげて、「団欒《だんらん》の有様恰《あたか》も一家庭を成せるの観あり」、帝国軍人援護会からも称賛され、市の誉れだと伝え、同時に「請ふ諸君君国の為《た》め且《か》つ我堺市の為め益《ますます》奮躍年来の英気を振ひ愈《いよいよ》威名を揚けられんことを」とむすぶ（一九〇五年六月）。講和後の九月十三日付の最後の慰問文では、諸君は「明かに宣戦の　大詔に副ひ奉り、全力を極めて交戦の事に従ひ、遺憾なく帝国軍人の面目を発揮し、帝国の国威を発揚せられ」たとしたのち、つづけて「世界列強の班に入り膨張的大日本の前途は、益多事なり、吾人は、将来に於て貴下等軍人諸君に期待する所のもの、益切実を加ふ、冀《ねがわ》くは、国家の為め益自重せられんことを」と述べるにいたる。この会が「堺市兵事会月報」を出しはじめたのは一九〇五年四月一日からのことで、必ずしも早くはないが、ここには出征兵士に送るとともにその家族遺族にあてた文章が掲載される。月報四号（七月十五日付）の「軍人家遺族諸君ニ告ク」では、冒頭に天皇の「御製」、「いくさ人いかなる野辺に明すらむ蚊の声しけくなれる此夜を」をのせ、天皇はこれほど戦地の

図13　戦死者の葬列（1904年〈明治37〉5月，横浜）

兵士を思いやり、「日夜軍国ノ大謨《たいぼ》ニ軫念《しんねん》アラセラル、サヘアルニ暑期進軍ノ労苦ニ対シ咨嗟《しさ》詠嘆シ賜フ」「何タル忝《かたじけ》ナキ御言ノ葉ナラスヤ」と出征家族にいいきかせ、ついで「国の為めたふれし人を惜むにも思ふは親の心なりけり」をあげて、「忝《かたじけな》キカナ我皇ノ大御心ヤ」天皇はここまで国民の心を酌《く》んでおられるのだぞと遺族を諭《さと》す。

女子高等小学校の生徒は戦地に送る「敷島の大和心《やまとごころ》を人とはゝ朝日に匂ふ山桜かな」と縫い込んだハンカチをつくった。

戦病死者の葬儀は、堺市では「自葬を望まるゝものゝ外」すべてこの兵事会が主催しておこなっている。場所は旭蓮《きよくれん》社か本願寺別院である。旭蓮社は大阿弥陀寺のことで後醍醐《ごだいご》天皇の勅願所であり、皇室と由緒の深い寺として選ばれている。一九〇五年十一月二十八日の弔魂祭も旭蓮社で仏式でおこなわれた。これにさきだって五月十四日の招魂祭は神道各教会の合同主催でおこなわれ、戦後の一九〇六年六月十三日の弔魂祭は、最初に神式でおこない、ひきつづいて仏式に形式を移して同じ場所でおこなっている。

一方、凱旋式や大規模な戦勝祝賀会は、堺市水族館のある大浜公園でおこなわれた。この水族館は、第五回内国勧業博覧会のときに建設された付属施設で、博覧会後に市に払い下げられたものである。これが開館したころ、京都の山県有朋《やまがたありとも》の別邸で桂首相・小村外相と元老伊藤博文の四人が対ロシア交渉の基本路線を密かに話しあっていたことは先に述べた。招魂祭と戦後の弔魂祭の会場もここだった（以上、前掲『明治卅七八年戦役堺市奉公録』）。

このように銃後の援護活動は、そのまま戦争に民衆を動員するための戦時世論づくりと国民意識の高揚をはかる活動だった。

世論統制と誘導

それだけに一方で、これに反するような新聞などの記事掲載は取締まられる。言論機関などへの統制は開戦前からはじまっていた。

一九〇三年十月十六日、内務大臣は参謀本部の希望にもとづいて、新聞紙等の取締まりについて東京各新聞責任者を内務省にあつめ、時局に関する訓示をおこなって外交や陸海軍に関する重要事項の記載は、あらかじめ関係機関の承認を受けるように通達した。ついで翌年の一月五日には、陸軍省は海軍省と協議のうえ「軍機軍略」に関する事項を新聞紙に記載することを禁止した。これは韓国や清国で活動する日本の新聞記者へも徹底するように、外務省を通じて公使や領事へも通達された。「記事原稿の検閲、警告、告発及び記事材料の公示等」をおこなう「新聞検閲委員」もおいた。そして一月十二日には、陸軍次官から新聞雑誌記事取締まりに関する注意事項を地方機関に通達した。指示された「新聞雑誌記載禁止事項標準」は一一項目だった。主な内容は徴発や動員とその実態や軍隊の行動、その他軍事関係の通信に関することなど、直接に軍事的な行動にかかわる事項である（谷寿夫、前掲書）。同じ趣旨で海軍省も一九項目の注意事項を出した。

京都府がまとめた『京都府日露時局記事』の「警察時局史料」によると、府はあらかじめ新聞社をよびだしてこの基準をつたえ、実際に新聞雑誌の検閲を「密ニシ」て警告を加え、場合によっては「刑事訴追ノ手続」をもおこなって「法規ノ実行」につとめた。この史料のなかに一九〇四年（明治三十七）七年一月から翌年十一月までの「新聞雑誌社警告及告発件数表」がある。この表には、京都府内の三五の新聞雑誌があげられており、その範囲は京都小間物商法・京都化粧品商法や真宗門徒生命保険株式会社報などのいわゆる業界紙や、京都府教育会雑誌など各種団体の会報にまでおよんでいる。

「警告」は、「掲載セシ記事軍機ニ触ル、ノ虞《おそれ》アリシタメ」と「軍機其他ニ関スル記事ニ対スル注意ノタメ」の二項目に分けられて、実際に警告を受けた総件数は、前者によるものが一〇五件、後者のそれは五四六〇件で、合計五五六五件におよぶ。「告発」は先の陸軍省令や海軍省令に違反した記事を掲載したものなどにおこなわれた。陸軍関係で二件、海軍関係で六件、その他で四件、総告発件数は一二件である。このうち五件が「停止」処分を受けている。三五の新聞雑誌で何の注意も受けていないものはない。掲載記事が「軍機ニ触ル、ノ虞アリ」という警告を最も多く受けているのは、地方紙として最も有力だった『日出新聞』の七〇回であるが、『京都府教育会雑誌』も一回受けている。これに対し「軍機其他ニ関スル記事ニ対スル注意」の方は、ほとんどすべてが一六八回となっている。おそらく機械的に「注意」を出したものと思われる。

それでも『日出新聞』の一九〇四年三月二日付コラム欄には、「芸妓《げいぎ》　どうも戦争は妾《わたい》は生来《もと》から嫌ひですよ／娼妓《しょうぎ》　広島か宇品《うじな》で儲かるといふも変なもの／俳優　日露戦争さへ演《や》つて居《を》れば落《おち》なしだ／落語　どうも作者のない為《た》め我輩御困難の体《てい》／能師　さうです新作といへば全《まる》で出来申さぬ／僧侶　説教調の恤兵《じゅっぺい》演説今更聴く人もなし蛇《じゃ》／金貸　借主の出征には督促も出来ず殆ど困る／三百《さんびやく》　是計《こればかり》は満更訴へたら勝升《かちます》ともいへずさ／役人　実は閑《ひま》で遊で居て月給貰ふも勿体《もったい》ない／教師　修身書抔《など》は教へずとも是では大丈夫だ」など、庶民のかなり率直な戦争による感想が掲載されている。

「多衆運動」の取締り

もちろん「時局ニ関スル集会及多衆運動」も取締まられた。集会のなかには「講和ノ条件ヲ非トスルモノ」や「社会主義論者ノ鼓吹《こすい》スル非戦論ノ如キ等取締ヲ要スルモノ少ナカラズ」と記している一方、「戦勝」の「祝捷《しゅくしょう》会提灯《ちょうちん》行列」も「捷報《しょうほう》」が入るたびごとに各所でおこなわれ、「其《その》行動ハ時ニ風俗ヲ乱ス虞《おそれ》アルノミナラズ危険亦尠《またすくな》カラザルヲ以テ相当ノ警察官ヲシテ之レガ取締ニ任ゼシメタリ」としている。この警察史料にあげられている府下全域での集会数などは、つぎのとおりである。集会では「義勇奉公ノ精神喚起ノ為メ」が三六回、「軍人遺家族救護督励ノ為メ」が三回、「国債応募及献金奨励ノ為メ」が四回、「時局ニ対スル論評（糊口的）」が一一回。「講和条約反対ノ為メ」は戦後直後であるが、二七回。これに対して、「多衆運動」とされる「祝捷会提灯行列国旗行列、自転車行列」はなんと七〇一件におよんでいる。

「戦勝」の「祝捷会提灯行列」は、いうまでもなく民衆の「戦意高揚」をうながすためにおこなわれた。民衆に参加と協力とを強制することもあった。提灯代を住民に割り当てて出させる場合もある。一方、参加した民衆にとっては一時的にせよ現実の生活苦をわすれてお祭り気分にうかれ、娯楽を楽しむという側面もあった。ときには主催者の思惑をこえて「暴走」してしまう可能性もあった。東京市の「祝捷会」について述べた最近の研究によると、一九〇四年（明治三十七）五月八日の九連城《きゅうれんじょう》占領を記念した「祝捷会」では、計画された順序を無視して「我先きにと押出したるため、頗《すこぶ》る混雑」し、「見物人、及び風来の提灯行列の連中、ワイワイと騒ぎ居たる」なかで、三九人の死傷者をだすような事件もおこった。そのため以後の「市民祝捷会」は市役所の主催となり、会に参加するのは市の「有志者」で、下層の民衆は会場周辺にあつまる見物人にしかなれなかった。一般民衆が加わって暴走しかねない「提灯行列」は「祝捷会」から排除されてしまったという。会場内の参加者と場外の見物人は区別され、式場とその周辺は警察官によって厳重に警備された。見物人である下層の民衆は警察の取締まりの対象だった。同じ「戦意高揚」といい、「国民意識」への「統合」といっても、このような区別と「排除の論理」が内にふくまれていたのである（能川泰治「日露戦時期の都市社会―日比谷焼打事件再考―」『歴史評論』五六三号）。「其行動ハ時ニ風俗ヲ乱ス虞《おそれ》アルノミナラズ危険亦尠《すくな》カラザルヲ以テ相当ノ警察官ヲシテ之レガ取締ニ任ゼシメタリ」には、こういう意味もふくんでいたのである。

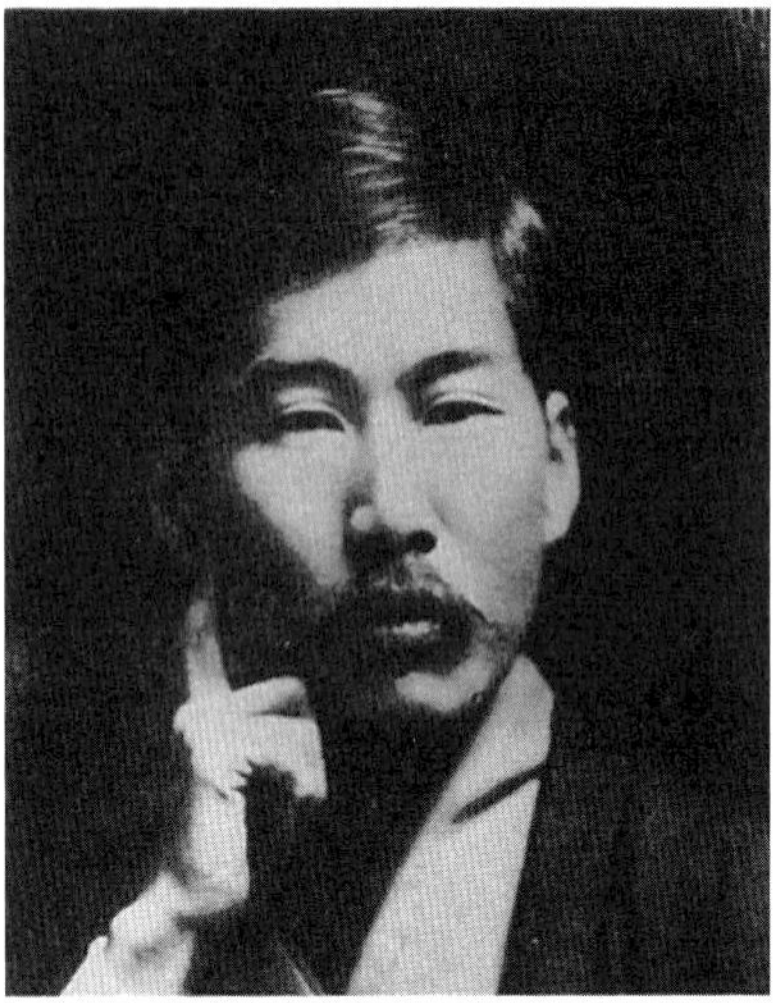

図15　幸徳秋水

図14　内村鑑三

表　日露戦争前後の新聞発行部数

新聞名	『二六新報』発表(1904.11.26)	日本電報通信社調査(1907)
二六新報	14万2,340部	12万部(『東京二六新聞』)
万朝報	8万7,000部	25万部
報知新聞	8万3,395部	30万部
東京朝日	7万3,800部	20万部
都新聞	4万5,000部	9万5,000部
大阪朝日	10万4,000部	30万部(開戦号外4回)
大阪毎日	9万2,355部	27万部(号外498回，月平均22回)

注　ちなみに『週刊平民新聞』通常号の平均発行部数は，3,500～4,000部．内川芳美「日露戦争と新聞」(『明治ニュース事典』Ⅶ，毎日コミュニケーションズ，1986年）より．

このように日露戦争の時期に最も重要なことは、この戦争に民衆を長期にわたって持続的・積極的に動員し協力させる体制、とりわけそれに耐えられる「国民意識」と「心情」とをつくりあげることだった。

非戦論と反戦論

ところが、日露戦争の場合は一〇年前の日清戦争のときとは異なって、開戦前からこの戦争に反対する非戦論や反戦論があり、戦時中にもその主張は公然と発表しつづけられた。よく知られている内村鑑三《かんぞう》や幸徳《こうとく》秋水《しゅうすい》・堺利彦《としひこ》らに代表される非戦論や反戦論である。幸徳や堺らによって結成された「平民社」にあつまった人びとは、さまざまな色あいをもった非戦論や反戦論を『週刊平民新聞』に発表した。平民社は「さまざまな思想をいだきながら、反戦・平和という一点でひとつに結集した。それは、人道的・倫理的結合ともいうべきものであった」（大原慧「労働者運動と初期社会主義」日本史研究会・歴史学研究会編『講座日本史』6）。

新聞は戦争を通じてその発行部数を飛躍的にのばした。大都市ではその日のうちに戦場の様子を伝える新聞が手にはいり、民衆は戦況に一喜一憂した。都会からはなれた村々でも鉄道の通じているところでは、郵便夫が役場や学校や寺などに新聞や号外をとどけてきた。巡査はたいてい役場にそれを読みにいく。肉親を戦場に送りだしている農民たちは田や畑から寺にかけこんで住職から新聞や号外を読み聞かせてもらうのが日課になった。こうして「戦争熱」は民衆をひろくとりこんでいった。鉄道の通っていないところや新聞がとどかないところでも、行政組織や援護組織をつうじた動員と戦争協力を強める「指導」は画一的におこなわれていく。一方、発行部数は格段に少ないが、平民社に心をよせる同志たちの「伝導行商」によって『週刊平民新聞』がもたらされたところもあった（西岡虎之助・鹿野政直『日本近代史』）。

平民社の非戦論や反戦論の主張と活動の意義を認めながらも、しかし、これらは「満州を占領し韓国をおびやかしているロシアの脅威にどのように対処するのかという現実の課題にはすこしも答えておらず」、戦争熱をあおる大新聞や雑誌の論調とは「別の次元で一般論を展開するにすぎなかった」。そのため、民衆への影響力という点ではたんに発行部数の問題だけではなく、「現実ばなれした一般論が、感情にうったえる現実論に敗北したというべきであろう」という評価がある（信夫清三郎『日本外交史』I）。

たしかに内村や幸徳らの唱える「絶対平和主義」や「社会主義」の主張は、具体的ではない。まして「ロシアの脅威」という問題に直接どう対処すべきかを示してはいない。今日はやりの言葉でいえば「国家戦略的」思考のレベルの問題について、具体的指摘がないということになる。「国家戦略的」思考そのものを否定し、まったく別次元の国際政治論の必要性を説いている。しかし、「野蛮」で「貪欲」なロシアを「打ち懲《こ》らしめて」韓国や清国を救うのだという日本の「大義名分」が、どれほど欺瞞にみちたものかに眼をむけるようにしばしば訴えていることには注目しておく必要がある。もっとも、内村が旅順口《りょじゅんこう》での日本海軍緒戦《しょせん》の勝利の知らせをきいて、隣近所にまで聞こえるような大声で「帝国万歳」を三唱し、「矛盾した人間だ、私は！」と苦悶した話は有名である（鈴木範久『内村鑑三』）。社会主義者たちも戦後の弾圧と分裂のなかで、明治末期の『社会新聞』では韓国「併合」に際して、批判の論説はついに掲げず、「今日の急務は我新朝鮮を治むるに当り高妙《（ママ）》なる手段方法を用ゐることである」、朝鮮人に与えなければならないのは「日本帝国臣民としての独立心である」と論じたりもした。

与謝野晶子の詩の意味

こういうなかで、与謝野晶子は「君死にたまふこと勿《なか》れ」を発表した。この詩がもっていた意味はつぎの点にあった。

戦争がはじまったからには、すべてをなげうって「国民」として、この非常時に全力をあげて「奉公」すべしという官製の世論づくりに対して、それが自分たち庶民にとって簡単に受け入れられるものかどうか。「旅順の城はほろぶとも／ほろびずとても」「あきびと」の生活にどんな関係があるというのか。いま身ごもっている妻との生活をむりやりうちこわし、戦いに命をすてよというが、そんなことが天皇の名によってどうして正当化できるというのか。まさか「大みこゝろ」の「深い」はずの「すめらみこと」が「もとよりいかで思されむ」と反語的な表現でいう。ここには、「個人」やその生活と「国家」との「葛藤」が率直に問いかけられている。この詩は晶子自身の生活史のなかにある「個人的事情」がモチーフになっていると入江氏が指摘していたことはこの本のはじめにふれた。兵士となって戦場にむかった人びとにも、後に残され「自活」のために「授産工場」で日夜「天皇《きみ》の詔勅《みこと》をかしこみて」と口ずさみながら作業をつづける女性たちにも、呉の海軍工廠で二週間もぶっ通しに働かされて即死した職工たちにも、すべてそれぞれにそれぞれの生活史とそのなかにこめられた個人的事情や家族の事情がある。それをしもいっさい捨て去って「非常時」のかけ声のなかで、すべて「国民」として「国家」に「忠誠」をつくさねばならぬとだれがいえるのか。つまりは「後顧の憂い」を絶つべく、わが子をわが手で殺してしまわねばならなかった応召兵にすべてみならえということになるのではないか。

「ひらきぶみ」のなかで「当節のやうに死ねよ死ねよと申し候こと」「なにごとにも忠君愛国などの文字や、畏《おそれ》おほき教育御勅語など引きて論ずることの流行は、この方却《かえつ》て危険と申すものに候はずや」と晶子がいったは、このことではないだろうか。晶子はこの「葛藤」に解答を出してはいない。「葛藤」しながら、それ自体を「まことの心」であり、それを「まことの声」に出してどこが悪いというのかと論じたのである。

「君死にたまふこと勿れ」が提起しているのは、「反戦」かどうかではなく、このことであった。だから、大町にいわせれば「乱臣」「賊子」であり「国家の刑罰を加ふべき罪人」といわねばならぬことになる。なお、少しつけ加えておく。晶子は「ひらきぶみ」で「平民新聞とやらの人達の御議論などひと言ききて身ぶるひ致し候」と述べている。ここでいう「平民新聞とやらの人達の御議論」が何をさしているのかは定かではない。ただこの一文から晶子が『週刊平民新聞』を読みもしなかったと考えるのは早計である。むしろ知っていたからこそこう書いたと解すべきだろう。

晶子がロシアの文豪トルストイの影響を受けていたことは晶子自身によっても語られているし、ひろく知られている。そのトルストイの日露戦争批判「爾曹《なんじら》悔改めよ」は『週刊平民新聞』の三九号（明治三十七年八月七日）に五ページ半にわたって全文訳出、紹介された。晶子が「君死にたまふこと勿れ」を作詩中の時期である。確証はないものの、彼女はこれを読んでいたものと思われ、「君死にたまふこと勿れ」の詩句のいくつかにその影響を指摘する論者もある。とくに論議をよびおこした「すめらみこと」に関する部分などは、トルストイのロシア皇帝批判の部分からかなりの影響を受けているとされている（中村文雄、前掲書）。

また、晶子は「ひらきぶみ」のなかで、夫鉄幹《てっかん》に一枚のシャツを買うのも我慢して「私らが及ぶだけのことをこのいくさにどれほど致しをり候か」（もっとも鉄幹は提灯行列だけは断っていたが）といいながら、「馬車きらびやかに御者馬丁に先き追はせて、赤十字社への路に、うちの末（お手伝いさんの名前）が致してもよきほどの手わざ、聞えはおどろしき包帯巻を立派な令夫人がなされようおん真似は、あなかしこ私などの知らぬこと願はぬこと」と、上流婦人の活動を皮肉っている。同じ国民の「戦意」の「高揚」といっても階層性があることもよく知ったうえでの発言として注目しておくべきであろう。

ちなみに、義和団鎮圧戦争の慰問に同行した奥村五百子《いおこ》によって皇族を総裁に戴き、上流婦人を主な構成員として一九〇一年（明治三十四）に愛国婦人会が組織された。このフィリピン支部が翌年にマニラで結成されているが、それはこの地で女郎屋を営む村岡伊平治《いへいじ》の力によっていた。そして日露戦争に際しては、率先して多額の献納金を送っている。それは上流婦人たちからみれば「女郎」「娼婦」とさげすまれ、いやしまれた女性たちの献金によっていた。彼女たちにとって日本帝国への忠誠こそが、自己救済への途と意識されていたがためであったという（大濱徹也『明治の墓標』）。

兵士の意識の多様性

戦争のなかでの国民の生活も意識もきわめて多様である。この戦争で国民が全体として国家との一体感をもち、「健全なナショナリズム」をいかんなく発揮したなどと、とうてい一括してしまうことなどできない。

近年、日露戦争従軍兵士たちの日記や手紙を素材にした研究がいちだんとすすんだ。日露戦争従軍兵士の日記や手紙を分析した色川大吉氏は、兵士たちの日記や手紙には、随所に中国民衆に対する侮蔑意識がみられることを強調している。中国民衆の生活のなかに兵士たちがみたものは、なによりも「不潔」と「貧困」とであり、それが「野蛮」という言葉でくくられている（色川大吉「日露戦争と兵士の意識」『東京経済大学七十周年記念論文集』）。

兵士たちが故郷へ書き送った大量の手紙を克明に分析した大江志乃夫氏（『兵士たちの日露戦争』）は、兵士たちの最大の関心事は留守宅の家族や知人たちの生活や農作業のことであり、戦場での「生死」や戦闘の「勝利」も「神仏のおかげ」とする意識が強い。「神仏のおかげ」は同時に「皆々様の念力のおかげ」であり、そこには「村共同の願望を実現するための祈りは村共同の営為ではあるが、同時に村人たちの主体的な営為の結果である、という共通の認識が存在していた」。しばしば「国家」という言葉が登場するが、その意味は多様で「ほとんど故郷の村と変わりがない次元の存在として意識」されたものも多い。高度な抽象的概念としての「国家」、「建前としての国家の論理」を彼らがどこまで理解していたかは「疑わしい」という。「天皇」が登場するものはきわめて少なく、「天皇の権威を正面からたたえた」ものは大江氏自身が「意外といえば意外である」というほどに少ない。中国や朝鮮について具体的に書かれたものはそれほど多くはないようである。書かれているものについていえば、朝鮮人に対する「優越意識」は「露骨」であるが、「質的な人種差別の意識にまではなっていない。まだ他民族をおなじ人間としてみる目を失っていない」とも大江氏はいう。また、中国人の生活の苦しみに目を向けているものもある（前掲、『兵士たちの日露戦争』）。一方、公的機関にあてた手紙をのちに編集したものでは、「戦勝」の要因を天皇に帰しているものがほとんどすべてである（中島三千男「日露戦争『出征軍人来翰』の分析」『歴史と民族』１神奈川大学日本常民文化研究所論集Ⅰ）。大江氏もいうとおり「建前論」を書くことを旨としたという、素材自体の性格の根本的な相違によるものであろう。民衆思想への「天皇崇拝の浸透度」について述べた安丸良夫『近代天皇像の形成』は、大江氏の分析結果を「もともと生活者として存在していた出征兵士が、おなじ生活者としての家族や知人にあてた私信で、公的責任とはもっとも遠い社会的位相が表象されやすいはず」のものと意味づけている。その「生活者」でも「公的機関」宛ともなれば、「建前論」を旨として手紙をよせることになることを中島氏の分析が示しているといえよう。

国民意識統合の論理と実態

くりかえし述べたが、「ロシア脅威論」を前提にした「国難」論はどうみても開戦前から国民意識のなかにひろく存在し、定着していたとは考えにくい。開戦前に「満州」や韓国をめぐるロシアとの対立が、「日本国家」の「存続」そのものの「危機」にかかわると強調したのは、「開戦論」を主張した「好戦派」の議論にすぎない。開戦前の一夜、ある宴席で山座円次郎《やまざえんじろう》外務省政務局長に外相小村が世論について、「日本人はなかなかやりにくい。どうやっても苦しめられる。但し日本人は、鉄砲玉一つ放ったら後からついてくるのは確かだから心強い、ところが鉄砲玉を放つまでがなかなか容易でない」といったという挿話（谷寿夫、前掲書）がある。国民のなかに「国難」意識がひろまったとすれば、それは「開戦」がつくりだし、戦闘が「苦戦」の連続であっただけにいっそう強められたというべきであろう。しかも、この「国難」意識が「宿命的」で、「民族存亡の危機を一身を捨てて打開しなければならない」という「観念」（色川大吉『明治の文化』）にまでなったかどうかは疑問である。「鉄砲玉一つ放ったら後からついてくるのは確か」でさえなかった。少数ではあれそれを否定し、あるいは疑問視する動きが公然と現れたところにこの時期の特徴があった。

もし、この戦争に敗北すれば、日本の膨張政策が頓挫《とんざ》するだけでなく、「日本」の存続自体にとって直接的な「脅威」が生まれたかもしれない。だからこの戦争は日本にとっては「祖国防衛」の戦争だったという議論がある。しかし、これは論理が逆立ちしている。この戦争の原因が日本の国家としての存在が直接に「脅威」にさらされたことにあったという事実ではなく、みずからがはじめた戦争の敗北が自国の「存続」を「脅威」にさらすから、その戦争が「防衛戦争」だというのなら、どんな戦争も「祖国防衛戦争」だということになる。問題はこの戦争の原因が日本の国家としての存在に直接に「脅威」を与える事態にあったかどうかである。なにが開戦の原因であったかは、すでに述べたとおりである。「開戦」を強硬に唱えた論者たちの主張が事実であったことを証明しないかぎり、「祖国防衛戦争」論はなりたちようがない。

たしかに幕末から明治初期には「ロシア脅威論」は根強く存在していた。しかし、それは一八八〇年代後半以降、大きく変わる。少なくとも日本の為政者たちは、このロシアと手をむすんで「力」が支配する「世界政治」に参画しようとさえしはじめる（芝原拓自「民権派の諸新聞にみるロシア論」朝尾直弘教授退官記念会編『日本国家の史的特質』近世・近代）。現実の世界政治の場ではすでに、「ロシア脅威論」は日本の「膨張」に対する戦略上の「脅威」ではあっても、日本の民衆生活に直接的な「脅威」ではない。民衆の生活から直観されるような「国民意識」としてのかに「ロシア脅威論」は少なくとも変質しているというべきである。くりかえしになるが、国民のなかに「ロシアの脅威」を「宿命的」な「国難」とする意識が生まれたとしても、それは戦争自体がもたらしたものであった。さらに、もしこの戦争に日本が「敗北」していれば、あるいは日本の領土の一部をロシアに奪われたり、場合によっては日本そのものが「植民地」化されていたかもしれないという「可能性」をまったく否定しさることはむずかしいかもしれない。これはあくまで仮定の話だから正確な論証などしようもない。そういう議論にここでたちいることはやめるが、日本自体がロシアの植民地化されるという蓋然性はほとんどなかったと私は考えている。かなりの説明が必要ではあるが、すでに述べたこの時期の世界政治やその背後にある軍事情勢とそのなかでの日本の位置、あるいはこの戦争の経過とそれを規定した世界政治の動きを全体的に考えればそうなると思う。

色川氏もいうように、戦後にこそ朝鮮や中国に対する「侮蔑意識」とともに、「国民意識」も、いっそう画一化されたものに「昇華」された（色川大吉、前掲書）。兵士たちがもっていた「現実の体験」から生まれた意識の多様性はこの過程で捨て去られ、無意識的にもこの「画一化」にそった体験談が語りつがれ、ひろげられていった。そもそも「戦場」での現実の体験から生まれてくるさまざまな意識と、「銃後」つまり国内での戦争観や天皇・国家、ましてや現実に目にしてはいない中国や朝鮮に対する意識との間には、当然のことながらかなり差が生じてくる。しかも「銃後」の方が統制され、画一化された情報と宣伝と「教育」とが力をもつものである。戦後につくられていく日露戦争観の基礎は、後者の方にある。その意味で、「日露戦争史像」が戦後にどのようにつくられていったかが大きな問題になる。同時に、日本が戦後のアジア世界に対してとってきた現実のかかわり方が、それをいっそう確固たるものに根づかせることになる。

日露戦争史像の形成

戦争は終わった。日本軍は一九〇五年（明治三十八）十月から翌年の一月にかけてあいついで帰還した。各軍司令官や連合艦隊司令官は凱旋将軍としてそれぞれに天皇に復命した。復命の内容は復命書として新聞にも公表された。また、大本営は十二月二十日の復員令により翌日解散式をおこなった。国内的にも戦時体制は終わりをつげた。

乃木の復命書の伏せ字部分

乃木希典《のぎまれすけ》第三軍司令官は一九〇六年（明治三十九）一月十四日、宮中に参内して復命した。ところが、新聞に掲載された乃木希典の復命書には一部、〇〇〇で伏せ字となっている部分があった。

乃木の復命書は「明治三十七年五月第三軍司令官タルノ　大命ヲ拝シ旅順《りょじゅん》要塞ノ攻略ニ任

シ」からはじまり、翌年一月一日の旅順攻略戦の終結、北進して奉天《ほうてん》会戦までの概略を述べる。つづいて「総括」にはいり「将卒」の「忠勇義烈」をたたえている。そして最終部分で「然《しか》ルニ斯《かく》ノ如《ごと》キ忠勇ノ将卒ヲ以テシテ旅順ノ攻城ニハ半歳ノ長日月ヲ要シ多大ノ犠牲ヲ供シ奉天附近ノ会戦ニハ【攻撃力ノ欠乏ニ因《よ》リ退路遮断ノ任務ヲ全《まっと》フスルニ至ラス】又敵騎大集団ノ我左側背ニ行動スルニ当リ之ヲ撃砕スルノ好機ヲ獲《え》サリシハ臣カ終世ノ遺憾ニシテ恐《きょう》懼《く》措《お》ク能《あた》ハサル所ナリ」（以下略）とつづく。この【　】部分が一般に○○○の伏せ字となっているのである。

その後、多数の日露戦争を顕彰した出版物が出され、その多くが各軍司令官の復命書を収録しているが、乃木の復命書の【　】部分はすべて伏せ字になっている。乃木が【　】部分でいっていることは、奉天会戦で第三軍に与えられた任務を達せられなかった事情を率直に事実として述べただけである。しかし、これは公表してはならなかったのである。なぜか。

参謀本部の戦史編纂方針

戦後、参謀本部は日露戦史の編纂作業にはいった。一九〇六年（明治三十九）二月、参謀総長大山巌《いわお》の名で出された「明治三十七八年日露戦史編纂綱領」は、その第一項で「本史ハ明治三十七八年日露戦役ニ於ケル陸戦ノ経過ヲ叙述シ以テ用兵ノ研究ニ資シ兼テ戦争ノ事蹟ヲ後世ニ伝フルモノトス」と、戦史編纂の目的をかかげている。そのうえで作業を二段階にわけている。第一期は「精確ニ事実ノ真相ヲ叙述シ」た「草稿」としての「史稿ノ編纂」である。第二期はそのすべてについて「修訂」し、「全部ニ渉リ分合増刪シ且ツ機密事項ヲ削除シ」たうえで「公刊」するものとしている（第六項）。このため当然、「修訂」の基準が必要となる。それが「日露戦史、史稿ハ別紙注意事項ニ據《よ》リ審査スル儀ト心得フヘシ」とした「日露戦史史稿審査ニ関シ注意スヘキ事項」という文書である（いずれも福島県立図書館所蔵〈佐藤文庫〉戦争関係資料より）。この文書には、全体で一五項目の「注意事項」とそれぞれについての「理由」とが書かれている。全文紹介したいところだが、残念ながら紙数に余裕がない。「一、動員又ハ新編成完結ノ日ハ明記スルヲ避クヘシ」にはじまる基準項目の多くは、軍が「公刊」するものとして軍事上の配慮と機密保持とから、「当然」といえば当然ともいえる項目である。

審査の注意事項の第六にはこう書かれている。

我軍ノ前進又ハ追撃ノ神速且《かつ》充分ナラサリシ理由ハ力《つと》メテ之《これ》ヲ省略シ必要不得已《やむをえざる》モノニ限リ記述シ漠然タラシムルヲ要ス。

理由　後来ノ戦役ノ例證ト為スハ好マシキコトニアラサルト多少我軍ノ欠点ヲ暴露スルノ嫌アルカ故ナリ而《しか》シテ表面ノ理由トシテハ或ハ給養ノ関係、戦闘後ノ整頓或ハ単ニ戦術上ノ顧慮等ニ出ツルカ如クシテ縦令《たとい》事実ナリトスルモ我軍戦闘力ノ耗尽若《もし》クハ弾薬ノ欠乏等ノ如キハ決シテ明白ナラシムヘカラス

乃木の復命書をこの基準に照らしてみると、「伏せ字」部分は「明白」にしてはならない事項、

つまり「前進又ハ追撃ノ神速且充分ナラサリシ理由」にあたるのである。

このほか、

三、軍隊又ハ個人ノ怯懦《きようだ》、失策ニ類スルモノハ之ヲ明記スヘカラス然《しか》レトモ為メニ戦闘ニ不利ノ結果ヲ来シタルモノハ情況不得已《やむをえざる》カ如ク潤飾スルカ又ハ相当ノ理由ヲ附シ其真相ヲ暴露スヘカラス

理由　我軍ノ価値ヲ減少シ且後来ノ教育ニ害ヲ及ホス等ノ恐アルカ故ナリ

七、弾薬追送ニ関スルコト並ニコレカ戦闘ニ影響セシ事実ハ記述スヘカラス。但シ若干部隊ノミ弾薬欠乏シテ苦戦セシ等一局部ノ出来事ハ此限リニアラス

理由　我軍ノ準備ノ不足ヲ暴露スルハ好マシカラサル故ナリ

八、給養ノ欠乏ニ関スル記述ハ力《つと》メテ之ヲ概略ニスヘシ。但シ若干部隊ノミニ於ケル一時ノ出来事ハ此限リニアラス

理由　前ニ同シク且後来我軍ノ運動ヲ打算スルノ資タラサラシメンカ為ナリ

十一、国際法違反又ハ外交ニ影響スヘキ恐アル記事ハ記述スヘカラス

理由　俘虜《ふりよ》、土人ノ虐待若クハ中立侵害ト誤ラレ得ヘキモノ又ハ当局者ノ否認セル馬賊使用ニ関スル等ノ記事ノ如キ往々物議ヲ醸シ易ク延《ひい》テ累ヲ国交ニ及ホシ或ハ我軍ノ価値ヲ減少スルノ恐レアルカ故ナリ

などがある。これも「公刊」するということから軍としてはある意味で「当然」の「審査基準」ではあろう。わからないではない。とはいえ、この「審査」によって「公刊戦史」には書かれない部分ができてくることも事実である。

公刊『明治卅七八年日露戦史』全十巻・付図十巻は、一九一二年（大正元）から一九一四年（大正三）にかけて東京偕行社から刊行された。しかし、こうした基準で「公刊」されたものだけが、一般国民の目にすることが可能になるということは、当然のことながら、国民のなかに日露戦争の実像とはちがった「虚像」がひろがり、ひとり歩きをしていくという結果を生み出すことになる。

『聯隊史』の意味

この本でもしばしば使った、『歩兵第八聯隊史』や『歩兵第三十七聯隊史』の記述をみるとこのようすがよくみえてくる。

たとえば、前にふれた「沙河《さが》対陣」の項などは、つぎのように書かれている。「対陣久しきに伴うて、給養は漸く潤沢となつて」（『歩兵第八聯隊史』）という記述がまず現れる。「弾薬ノ欠乏」が「基準」どおり「給養」におきかえられ、まったく「概略」でさえもない叙述になっている。かわってつぎのようになる。

此頃内地より続々として来る補充兵は、頗《すこぶ》る多数に上つて、優に従来の闕員を補充して尚《なお》三四百名の過剰を生ずるに及んだ。茲《ここ》に於て、教育の不十分なる者には、特別補修練成に務めて、射撃練習の如きは、前面を徘徊せる実敵を目標とし、歩哨《ほしょう》、斥候《せっこう》等の勤務は、之を敵前に実習せしめ、防禦作業も亦、弾丸雨飛の下に在つて訓練し、唯密集運動のみは敵眼を避けて、交る交る後方に退いて実習せしめた……斯《か》く寧日《ねいじつ》なき努力に依つて、就役半歳に満たざる速成の補充兵も、其滞陣の末期に於ては、平時三年の訓練を経たる、現役兵に比して遜色なき技倆《ぎりょう》を有するに至り、峻烈なる寒天に対しても、殆《ほと》んど凍傷患者を出ださず、黒溝台《こくこうだい》附近の大捷《たいしょう》と、奉天戦に於て、曠古《こうこ》の偉功を樹《た》つる素地は、実に此の間に於て養成されたのである。

二つの聯隊史のこの部分の文章は、まったく同じである。

すでに述べたように、本当はこの機会に敵に対して「今一回打撃」を与えるのが「最も有利」なのだが、「如何《いかん》せん。砲弾欠乏のため、これを実行する能《あた》わず」「止《や》むを得ず、沙河の線に堅固に陣地を構成し、唯《た》だ弾薬の補充を待つは実に遺憾に堪えず」というのが実情だったのだが、こうは書けない。かわりに、ただただ日本軍の訓練が誇らしげに語られ、それが後の戦闘に大きな効果を生んだのだと強調される。

十巻もある大部な「公刊戦史」よりも、はるかに安価で読みやすく、しかも郷土の部隊の活躍を伝えた『聯隊史』の方がひろく読まれたにちがいない。帝国聯隊史刊行会が一九一八年ころにつぎつぎと『聯隊史』を刊行したことの意味を改めて考えてみなければならないと思っている。

戦争のさなか、戦場の兵士たちのなかに戦死すれば靖国神社にまつられ、国家のためにつくした「英霊」としてあがめられるという意識はほとんどなかったという。

「靖国神社」

ところが戦後には大きく変わっていく基礎がつくられていった。

一〇年前の日清戦争のときには、戦没者を「合祀」するために戦後二回の臨時大祭がおこなわれ、天皇が「親拝」した。日露戦争の場合にもまず戦死者を祀る臨時大祭が戦時中の一九〇五年（明治三十八）五月と戦後の一九〇六年（明治三十九）五月との二回おこなわれ、天皇が「親拝」した。そして戦後の一九〇七年（明治四十）五月になって、戦傷によってのちに死亡した者、戦後に戦死が確認された者および戦病死者や復員後の傷死者などが「特祀」された。この点では日清戦争の場合と同じだが、日露戦争では大きなちがいも生まれた。日清戦争のときには開戦と講和に際して、勅使を派遣したのは伊勢神宮だけだったが、日露戦争のときには靖国神社にも勅使を派遣した。講和後の奉告祭には神宮に天皇が「親拝」し、靖国神社には勅使を派遣した。また、参加部隊による大規模な公式参拝がおこなわれた。陸軍は凱旋観兵式後におこない、海軍も部隊による二度の公式参拝をおこなった。その後、一九一七年（大正六）にいたって靖国神社は例大祭月日をかえて、春の例大祭は四月三十日、すなわち日露戦争後の陸軍の凱旋観兵式がおこなわれた記念日、秋の例大祭は十月二十三日、すなわち海軍の凱旋観艦式がおこなわれた記念日とされた。靖国神社の例大祭は、日露戦争の勝利を祝い、天皇が戦勝大日本帝国の帝国陸海軍の大元帥としての威光を内外に示す記念日となった。靖国神社はこうして日露戦争後に国民統合の精神的な中核の一つとして重要な役割を果たすようになった（大江志乃夫『靖国神社』）。

戦争の事実とつくられた「虚像」

日露戦争は世界の戦史や軍事思想史にも大きな転換をもたらす戦争だった。軍事思想の歴史からみて、陸戦ではドイツ式火力主義とフランス式白兵主義の対決だった。ドイツ式火力主義というのは、機動性にとんだ小銃と砲兵の火力によって勝敗を決しようとする戦術思想である。歩兵が銃剣をもって突撃し、敵兵と白兵戦を演じることに主眼をおかない。開戦当初の日本陸軍はこの立場をとっていた。これに対してフランス式白兵主義とは、堅固な要塞や陣地をつくって敵の砲撃にたえ、機をみて火力の援護を受けながら敵に接近し、最後は歩兵の突撃によっていっきょに勝敗を決しようという戦術である。ロシア軍はこの立場をとった。その意味では、ドイツ帝国が成立する一八七〇年から一八七一年のプロイセンとフランスとの戦争（普仏戦争）の「再現」だった。しかし、二十世紀はじめの日露戦争はすでにみたとおり兵器がまったく異なっていた。当時の最新の兵器を装備した大兵力が激突した戦争だった。それだけに欧米列強はこの戦闘の実態にも大きな関心をよせていた。そして彼らは、重機関銃が陣地を防御するうえで決定的な威力を発揮すること、敵の要塞や陣地を破壊するためには榴弾を集中的に使うこと、とくに堅固な要塞や陣地の破壊には重砲が有効性を発揮すること、有刺鉄条網の防御効果はきわめて大きいことなどに注目した（山田朗「日露戦争とは世界史的にどんな戦争であったか」佐々木隆爾編『争点日本の歴史』6）。陣地の銃眼から機関銃を掃射して突撃してくる敵兵をなぎたおすという戦法はロシア軍が開発したものだというが、その威力を証明したのが日本軍の「決死の突撃」と多大の犠牲だった。南山《なんざん》でも遼陽《りょうよう》でもそして旅順でもこれは明らかだった。

ところが、日本軍はこの戦争からまったく反対の結論を出してしまった。くりかえし述べたように、日本軍は戦争がはじまるとたちまち砲弾や小銃弾の不足に悩まされた。堅固な要塞や陣地を破壊できる榴弾の不足は決定的であった。しかも榴弾の重要性にもかかわらず榴散弾の使用と補給に重点をおく誤りを終戦まで改めなかった。そのためあまり効果のあがらない準備砲撃ののちにおこなわれる歩兵の突撃は大きな犠牲を出さずにはおかなかった。それにもかかわらず、戦争が日本側の「勝利」におわったことから、歩兵の突撃を重視する傾向がかえって助長された。その結果、勝利の最大のよりどころは、「彼我《ひが》軍人精神ノ優劣」に求められた。日露戦争の結果をふまえて改定された「歩兵操典」（一九〇九年）の最大の特徴は、「攻撃精神」「必勝ノ精神」の強調だった。ここから生まれる結果は「白兵主義」の重視にしかならない。そのため兵士に要求される素質の第一は「忠君愛国、至誠」であり、「身命ヲ君国ニ献ゲ至誠上長ニ服従」することであり、教育訓練の目的はこのための「精神教育」におかれた。「勝利の栄光」が事実の正確な認識をさまたげた。「公刊戦史」だけでなく、軍自体の認識を事実から遠ざける結果を生じさせてしまった（大江志乃夫、前掲書。藤原彰『日本軍事史』上）。

一方、日本海海戦は、一万トンをこす鋼鉄製の戦艦でも砲撃あるいは水雷艇の有効な利用によって撃沈できるという事実を明らかにし、それまで列国内にあった「砲撃戦か」、それとも戦艦の船首の喫水線《きっすいせん》下にある突き出た部分（衝角《しょうかく》）で、敵艦の横腹に体当たりし穴をあけて沈める「衝撃戦か」という論争に決着をつけたことなどで、海戦史上に画期的な意味をもった。世界の海軍は艦艇の大型化・高速化・巨砲搭載の建艦競争に本格的にはいっていった。日本海軍はその後この大艦巨砲主義を金科玉条とした。この海軍でも事実とかけはなれた「敵前大回頭」を敢行して「T字戦法」をとったことが、日本海海戦の勝利の主因だったという「虚像」が生まれ、軍人さえも信じて疑わなくなっていった（田中宏巳「海上封鎖と日本海海戦」桑田悦編、前掲書）。北上するロシア艦隊（あるいはその一隊）の行く手をさえぎるため、ロシア艦隊をTの字の縦線とすれば、日本艦隊が横線の位置を常に占めて攻撃する戦法が、机上作戦として考えられたことはあった。しかし、実際にとられたのは、すでに述べたようにロシア艦隊の先頭を圧迫しながら、常に並航して砲撃するオーソドックスな「同航戦」だった。敵前で大規模な「回頭」（艦隊の旋回行動）をおこなったのは、艦隊がたがいに反対方向に進みながら砲撃しあう「反航戦」ではロシア艦隊を撃滅できないから、同航戦にうつるための艦隊行動だった。

戦後東アジアの世界と日本

「西方覇道の猟犬」

「東洋の民族」が「西洋の民族」を破った

日露戦争からおよそ二〇年後、一九二四年に中国革命の指導者孫文《そんぶん》は神戸にたちより、十一月二十八日、有名な「大亜細亜《アジア》問題」と題する講演をした。この講演の一節は、日露戦争で日本が勝ったことがアジアの多くの民族をどれほど勇気づけたかを語るとき、必ずといっていいほどひきあいに出される。

日露戦争がはじまったとき、自分はヨーロッパにいた。日本海海戦でロシアの艦隊が全滅したというニュースに、ヨーロッパの人びとは「父母を失った」ように悲しんだ。日本の同盟国のイギリス人さえ日本の勝利は「結局白人の幸福ではない」と考えた。戦後アジアへ帰る途中スエズ運河を通ったときのことである。たくさんのアラビア人がいて、「黄色人種」である自分をみて「お前は日本人か」と問いかけてきた。「ちがう。私は中国人だ」。それにしても君たちはなぜそ

図16　講演する孫文

図17　ファン・ボイ・チャウ

んなに嬉しそうなのかねとたずねた。すると彼らはこう答えて喜んでいた。ロシアが日本に敗れたのだ。「これまでわれわれ東洋の有色民族は、いつも西洋民族の圧迫をうけて、苦しめられ、浮かびあがれないが、こんど日本がロシアをまかしたのだから、東洋の民族が西洋の民族をうちやぶったことになる。日本人が勝ったのは自分が勝ったようなものだ」。孫文はこういうエピソードを紹介しながら、「日本が勝っていらい、アジアの全民族はヨーロッパをうち破ることを考えるようになり、独立運動がおこりました。エジプトに、ペルシアに、トルコに、アフガニスタンに、アラビアに、独立運動がおこり、インド人もこれいらい独立運動をはじめたのであります。したがって、日本がロシアに勝利した結果、アジア民族の独立という大きな希望がうまれたのである」、アジアの「独立」と「進歩」、この思想が発展し「極点まで達したならば、アジアのすべての民族は提携することができ、そうすればアジアの独立運動も成功することができます」と話した。

アジアの民族独立運動の指導者たちの記録や著作のなかから、同じような趣旨の発言や文章をあげることは容易である。

インドの独立運動の指導者ネルーの『父が子に語る世界史』には、「アジアの一国である日本の勝利はアジアのすべての国ぐにに、大きな影響を与えた」「ヨーロッパの一大強国はやぶれた。だとすればアジアは、昔たびたびそういうことがあったように、今でもヨーロッパを打ち破ることもできるはずだ。ナショナリズムはいっそう急速に東方諸国に広がり、〝アジア人のアジア〟の叫びがおこった」と書かれている。ベトナムの独立運動の指導者ファン・ボイ・チャウ（潘佩珠）の「越南志士・獄中記」（長谷川新二郎・川本邦衛訳『ヴェトナム亡国史他』）にも、「日露戦役は実に私達の頭脳に、一新世界を開かしめたものということができます」、勝利した日本は「あるいは全アジア振興の志もあろう」と期待して日本に渡ることにした、とある。

ロシアの革命家レーニンも日露戦争後のアジアの動きに大きな関心をよせた。日露戦争とロシア革命から刺激を受けた「アジア諸民族の政治生活への目ざめ」は、トルコやペルシアの革命運動やインドの独立闘争の強化をもたらし、バルカン地方をはじめロシア帝国の国境地域に「自由な制度の樹立」をうながし、ロシア革命の高揚を容易にする新たな条件をつくりだすだろう（「バルカンとペルシャの事件」『全集』第十五巻）。中国の辛亥革命やインドネシアの独立運動を論じた「アジアの目ざめ」でレーニンは、「アジアの目ざめとヨーロッパの先進的プロレタリアートによる権力獲得闘争の開始」に「二十世紀の初めにひらかれた世界史の新しい時代」を見出している（『全集』第十九巻）。

当時の運動家たちだけではない。イギリスの歴史家G・バラグラフはその著書『現代史序説』のなかで、日露戦争での日本の勝利とロシアの一九〇五年革命とがアジアの世界に決定的な影響をあたえたことを指摘している。日本の勝利は「ヨーロッパ人の優位に対する痛棒」として「世界中の隷属民族の喝采《かっさい》を浴びた」。ロシアの革命は「ヨーロッパではほとんど反響らしい反響も呼びおこさなかったが、専制政治からの解放闘争として、全アジアに電撃的影響を及ぼし」た。革命の「アジアにおける反響は、一七八九年のフランス革命がヨーロッパに及ぼした影響にも比べられるほどであった」。

問題は、世界のこの新しい動きのなかで日本国家がどう歩もうとしたかである。

「西方覇道の猟犬」か「東方王道の干城」か

孫文の講演の結びの言葉がある。「日本は既に欧米の覇道《はどう》の文化に到達したのであるが、亜細亜王道の本質をも有してゐる。今日以後に於て、日本が世界文化の前途に対して西方覇道の猟犬となるか、或ひは東方王道の干城《かんじょう》となるかは、諸君日本人が慎重に考慮してその一を選ぶべきである」。

この結びの一節は、当時（一九二四年）講演の速記録を掲載した『神戸又新』や『大阪毎日新聞』にはなくて、翌年の『改造』という雑誌の一月号に日本ではじめて紹介されている。どうやら孫文自身がこの一節を講演ではいわず、講演直後、あるいは天津へ帰る途中にでもつけくわえたものらしい（陳徳仁・安井三吉『孫文と神戸』）。

講演ではいわなかったとしても、孫文が当時こう考えていたことは事実であろう。この指摘は彼が日本をどうみていたかを語ってくれている。

ネルーやファン・ボイ・チャウも戦後の日本を見ていた。ネルーは先の文章につづけて書いている。「ところが、日露戦争のすぐ後の結果は、ひとにぎりの侵略的帝国主義国のグループに、もう一国をつけくわえたというにすぎなかった。そのにがい結果をまず最初になめたのは朝鮮であった」。ファン・ボイ・チャウも、日本がフランスと協商をむすんだので、フランスは「日仏協約の関係上、日本政府に交渉して、わが党の首魁《しゅかい》引渡しと留日学生団の解散を要求しました。わが学生団はついに経済絶と外交窮の二災厄に遭って、この愁《しゅう》雲《うん》惨《さん》霧《む》の中に、紛々として最後の握手を交わして相別れました」。運動の出版物は日本政府に没収され、運動家たちは日本国外に追放された。「この時に蒙った失敗は、実に身体完膚《かんぷ》なしの痛苦を感じたのでありました」と記している。

孫文のいう「西方覇道の猟犬」の道を日本はあゆんでいた。

英仏協商と英露協商

日露戦争はヨーロッパの国際政治にも大きな影響を与えた。戦争がはじまった直後の一九〇四年四月に英仏協商が成立したことはすでに述べた。これは、イギリスとフランスとがモロッコとエジプトとでの勢力範囲の分割を中心に全世界にまたがる両国の植民政策の利害を調整し、勢力範囲を確定して、世界政策におけるたがいの協力を約束したものだった。戦後、イギリスとフランスとの協調関係はドイツを包囲する軍事同盟にまで発展した。一九〇六年以後、両国の参謀本部はドイツを仮想敵国とする戦時の陸海軍の共同行動について協議した。イギリスは一九〇七年、ボーア戦争や日露戦争の教訓をふまえて、ヨーロッパ大陸での戦争にそなえた兵力一五万の遠征部隊の創設をはじめとする陸軍の改革に着手した。

一方、日露戦争の終結はイギリスとロシアとの関係にも新しい道を開いた。

一九〇七年八月、ペルシア・アフガニスタン・チベットをふくめたイギリスとロシアとの植民地支配をめぐる勢力範囲を確定し、利害を調整しあった英露協商が成立した。レーニンは先に紹介した「バルカンとペルシャの事件」で、アジアの革命運動は「あまりにも徐々に一国から他国へと波及した」ので「列強の反革命的連合に直面した」。「現在、バルカンで、トルコで、ペルシャで起きていることの本質は、成長するアジアの民主主義に反対するヨーロッパ列強の反革命的連合ということに帰着する」と述べていた。イギリスとロシアとが「協商」をむすんだことの意味を、アジアの側からみてこのように意義づけていたのである。

ヨーロッパの帝国主義列強は、一九〇七年を境にイギリスとドイツとの対立を主軸に二大陣営に分裂して、全面的な戦争への道を歩みはじめた。

アメリカの攻勢　戦後の東アジアでは、アメリカの攻勢が列強の対立にいっそう拍車をかけ、様相を複雑にした。

アメリカの対外膨張政策はさしあたり二つの地域に向けられた。一つはカリブ海と中米の地域で、ここではそれまで大きな力をもっていたイギリス・フランス・ドイツなどと対立しながら、アメリカはその政治的・経済的・戦略的支配をうちたてた。

いま一つは中国にむけられた。日露戦争後、日本は日露講和条約にしたがって清国に新たな「満州に関する日清条約」と付属協定や付属取り決めを強要して、南満州でロシアがもっていた利権のすべてをひきつぐことに成功した。日本は南満州における政治的・軍事的支配権を利用して、満州市場の独占化をはかった。さまざまな手段で外国商人の商業活動を妨げ、「門戸開放」や「機会均等」を無視した。アメリカはイギリスとともにはげしく日本に抗議した。

十九世紀末以来、アメリカは「領土保全」と「門戸開放・機会均等」を唱えて、中国侵略に積極的に参加していた。アメリカの対中国貿易も急増しはじめ、なかでも綿布市場としての満州は重要な意義をもっていた。さらに日露戦争後アメリカ資本の中国に対する投資活動が活発化したことによって、日米の対立はますますはげしくなった。

一九〇五年九月アメリカの鉄道独占資本家ハリマンが企てた満鉄買収計画は、講和会議をおえて帰国した小村外相の強硬な反対で挫折した。しかし、アメリカ資本の攻勢はその後も執拗につづけられた。一九〇七年、奉天駐在米総領事ストレートはアメリカ資本による満州銀行設立を企て、また米英資本による満州地域の新しい鉄道建設が計画された。

一九〇九年三月にタフトが大統領に就任すると、アメリカはいわゆる「ドル外交」を展開した。ふたたびアメリカ資本による鉄道敷設計画が表面化し、国務長官ノックスは満州地域の鉄道の中立化と列国による共同管理を提案した。このアメリカの攻勢に対抗するため、満州での勢力範囲を確保しようとする日本とロシアとが手をむすびはじめた。

日露協商と日仏協商

一九〇七年（明治四十）七月、第一回日露協商が成立した。日本とロシアは満州と内蒙古との勢力範囲を分割した。ついで一九一〇年（明治四十三）七月、第二回日露協商が成立した。両国は満州での勢力範囲をいっそう確定的なものにし、たがいの特殊権益の擁護とその将来の発展に必要な各自の「自由行動」を承認しあった。第三国の妨害に対して共同措置をとることをうたい、両国の提携はますます強められた。これはアメリカの満鉄中立化提案に対抗する日本とロシアとの「共同戦線」だった。ついで一九一二年（明治四十五）七月には、第三回日露協商をむすんだ。協商は中国の辛亥《しんがい》革命とそれに結びついておこった外蒙古の独立問題をきっかけに成立したもので、日本とロシアは満州の分界線を延長し、内蒙古での勢力範囲を分割した。アメリカが主導して列強の借款団を組織し、革命後の中国政府に借款を与えようとする動きに対抗するものでもあった。

いま一つ、日本とフランスとの協商が同じ時期に成立した。一九〇七年（明治四十）六月に成立した日仏協商は、中国を中心としてアジア大陸で各自の地位と支配権とを維持するために両国が「支持」しあうことを一般的に約束したものだった。日本はフランスと協調することでフランスでの外債募集を成功させることに主眼をおいていた。外資導入は日本の戦後経営にとって欠かすることのできないものだった。フランスはインドシナに対するフランスの植民地支配に日本を協力させることをめざしていた。日本がフランスの期待どおりに動き、ベトナムの独立運動家たちの期待をうちくだいたことはすでに述べた。

日露戦争後の日本は、英仏協商や英露協商によってつくられたドイツ包囲の体制に、日英同盟・日仏協商・日露協商によってつらなり、同時にこの体制を文字どおり全世界規模の体制にまで拡大した。これによってイギリスの援助を受けて戦後いっそうの軍備拡張をおこない、満州市場の独占化をはかり、その植民地の拡大と支配を強化した。日本は「一等国」になったと称したが、それはアジアの人びとの期待に反して、「アジアの目ざめ」をおさえこむアジアの「反革命的連合」の重要な担い手となる道だった。

アジア諸民族の「国民的自覚」

一方、アジア世界をおおった「国民的自覚」の内実は、かなり複雑で多様だった。

義和団《ぎわだん》事件に敗北した清国は、一九〇一年（明治三十四）に「変法実施」の詔勅を出して、「新政」に手をつけた。新政の当初の主な政策は、第一に商部を設置し（一九〇三年九月、三年後に農工商部に改称）、商法制定に手をつけるとともに会社組織を奨励して民間資本による企業活動の推進をはかること、第二に科挙《かきょ》の制度を廃止して学校制度を改革し、留学を奨励すること、第三に軍制を改革して新しい軍隊を組織することなどだった。また、列強の要求をいれて外務部を設置した。しかし、莫大な賠償金の支払いや新政のための財源の確保は、増税によるほかなく、すでに多くの利権は列強の手にうつっており、清国の支配を維持することはもはや大きな困難に直面していた。

こうした時期に、清国の革命運動の中核組織となった中国同盟会が一九〇五年八月に東京で発足した。この組織は、清国の「変革」をめざすさまざまな潮流がヨーロッパから帰った孫文を中心に、盟約にもとづく「同盟」組織として生まれた。盟約の最大公約数とでもいうべきスローガンは「反清（反満）」だった。それだけに実際の「変革」をどうおこなうかについては内部にさまざまな意見の対立をはじめからふくんでいた。

一九〇八年秋、光緒帝《こうちょてい》と西太后《せいたいこう》があいついで死去した。新皇帝には清国最後の皇帝となった溥儀《ふぎ》（宣統帝《せんとうてい》）がわずか三歳で即位し、実権は西太后が死の直前に摂政に指名した溥儀の父で光緒帝の弟、醇《じゅん》親王がにぎった。彼は反満州貴族的な袁世凱《えんせいがい》を中央政界から追い出して、宮廷を満州人でかためた。翌年には各省に地方議会にあたる諮議局《しぎ》をおいた。

同盟会内の立憲派はここに大量に進出して運動の拠点とし、国会の即時開設、憲法の早期公布、責任内閣制の導入をおしすすめようと活動した。また、利権回収運動を指導して民族主義的動きを強めようとした。一方、革命派は「反清」（反満）の民族感情を政治革命と結びつけて民族革命の方向をめざした。革命派は農民社会の伝統的な「会党」組織や新しく組織されはじめた「新軍」のなかで活動を強めながら、都市を中心として武装蜂起の方向をめざした。この二つの潮流はたがいに激しく論争した。そうしたなかで、清国政府が「国有化」を名目に地方の鉄道建設計画をとりあげて、結局は列強の資本家団に売り渡してしまうことに強く反対する四川省での「保路運動」がおこり、反政府運動が急速に拡大した。そして一九一一年の新軍兵士の武昌《ぶしょう》での蜂起をきっかけに辛亥革命がおこった。政治改革の方法や情勢判断、とくに帝国主義列強に対する評価や農民と下層民衆に対する評価や関係のもちかたなど、意見の根深い対立をふくみながらも、全体としてみれば、この動きのなかに中国民衆を「国民」として統合し、憲法政治のもとで「国民国家」を形成するという大きな方向が底流に流れていた（中村哲夫『同盟の時代』）。

ベトナムの場合でも、先にふれたファン・ボイ・チャウは、「期待」をこめて日本への留学運動をすすめ（「東遊」運動）、なによりも「民族の独立」を第一義に考え、皇族との親交を深め、皇親畿外侯《キイゴアイハウ》クウオンデを会主に推して維新会を組織し独立運動を展開した。これに対してファン・チュウ・チンは「民権」（民主）と「民智」（啓蒙）を重視し、日本など外国からの援助や武装蜂起よりも「自己改革」をすすめるべきだとして、両者のあいだには論争がくりひろげられた。一九〇ファン・チュウ・チンは日本から帰国後、「義塾」を設立して啓蒙活動に力をそそいだ。一九〇八年には広南《こうなん》・広義《こうぎ》・平定《へいてい》などで納税を拒否する農民の騒擾事件が続発し、ハノイのベトナム人兵士の反乱計画などもあらわれ、ベトナム全土に反仏運動がひろがった。一九〇八年はフランスにとってベトナム支配の「危機の年」となった。このベトナムの解放運動が「民主主義」を政治改革の基本路線として確認し、維新会を解消して「ベトナム光復会」を発足させ、「仏賊を駆逐し、ベトナムを回復して、共和制のベトナム民国をうちたてること」をかかげたのは、中国の辛亥《しんがい》革命の決定的な影響を受けてのことだったという（前掲『ヴェトナム亡国史他』解説参照）。

インドネシアでも、フィリピンでも、そしてインドやイランやトルコでも、独立と革命の新しい動きがはじまり、急速に成長していたが、ここでふれる余裕はない。また、レーニンはヨーロッパの労働者階級とアジアの「目ざめ」との結合に新しい世界史の到来をみとおしていたが、それが現実の力になるのは容易なことではなかった。今日でもそれはなお達成されず、より複雑な様相を呈しているといわねばならないだろう。

韓国「併合」への道

アメリカ大統領の仲介によって日露講和条約の交渉をはじめる直前に、日本は、二つの重要な条約をむすんだ。一つは一九〇五年（明治三十八）七月二十九日、首相桂《かつら》太郎とアメリカ合衆国陸軍長官タフトとの間でかわされた覚書である。一般に桂＝タフト協定とよばれる日米間のこの合意は、アメリカは日本の韓国に対する「保護権」を承認するかわりに、日本はアメリカのフィリピン支配を「承認」するというものだった。「朝鮮とフィリピンの交換――それが『覚書』の核心であった」とされる。

もう一つは、八月十二日に改定された第二回日英同盟である。この改定で日英同盟は防守同盟から攻守同盟へと、より攻撃的な軍事同盟に性格をかえるとともに、その適用範囲をインドにまで拡大してイギリスのアジア支配に日本がいっそう深く協力することを約束することとひきかえに、日本の韓国に対する「保護権」の樹立をイギリスに承認させた。条文上の表現は日本が韓国に対してもつ権益を「擁護増進」するために「正当且《かつ》必要」と認める「指導、監理及保護ノ措置」という文言になっているが、日本側はこれを「読めば読むほど味のある文句」であり「全同盟の真実の目的」はここにあったと評価した。

この二つの条約につづいて日露講和条約でも、日本が韓国に対して「指導、保護及監理ノ措置」をとることにロシアが「阻礙《そがい》シ又ハ之《これ》ニ干渉」しないという約束をとりつけた。さらにロシアとは、第一回日露協商で外蒙古をロシアの支配にゆだねることによって、日本の韓国支配の「益々《ますます》発展ヲ来ス」ことの承認を獲得した。この「発展」の意味は韓国の「併合」であった。このことは第二回日露協商の交渉過程で日本側から明言され、ロシアは異議をさしはさまなかった。

これら列強の「保証」をとりつけて、戦後日本はただちに韓国を「保護国」とする政策を実施し、ついで「併合」する政策をすすめていった。

実行に先立って外務省は「保護国調査」を精力的におこない、列国の承認をえることが肝心であることを充分配慮して、「保護条約」を韓国に調印させることを目標に（場合によっては一方的に「保護権の確立を通告する」だけという方法も想定してはいたが）、綿密な「方法順序」を検討したうえで、駐韓公使林権助《ごんすけ》では荷が重すぎるというので、わざわざ伊藤博文を特別派遣「勅使」として韓国に送りこんで条約調印を強行した（田中慎一「韓国併合」前掲『近代日本の軌跡』3）。条約の主眼は韓国の外交権をうばい、韓国政府が外国と条約を結ぶ権利を完全に日本がにぎるというものであったが、そのほかにも日本が韓国におくる「統監《とうかん》」（初代統監は伊藤博文）が韓国皇帝に「内謁《ないえつ》」して、韓国政府の頭越しに内政問題についても指揮することができる内容になっていた。伊藤は統監として仕事をはじめるや、たちまち「韓国施政改善ニ関スル協議会」を開催することを決定した。この協議会は、統監の官邸に韓国政府の閣僚を集めて統監が主宰するもので、一九〇六年三月十三日から一九〇九年十二月二十八日までの間に九七回も開かれている。およそ二週間に一回の割合である。そして日露開戦直後の五月に閣議決定した「対韓施設綱領」にもられていた軍事・財政・交通・通信・産業など内政上の主な事項についてつぎつぎと日本側の要求を出し、実施にうつした。その結果、軍事・財政・貨幣などに関する政策はまったく日本側に実権がうつり、さらに一九〇七年の協約（第三次日韓協約）では、内政権も完全に日本の指導下におくことを認めさせた。それまでに韓国政府機関に送り込んでいた多くの日本人顧問を、今度は政府内部の「次官」という地位につけるほか、警察機構や各道の事務官などには日本人を就任させ、司法権も日本人がにぎり、韓国軍隊は解散させた。

韓国「併合」にいたる一連の政策の強行は、日露戦争後もひきつづいて駐屯させていた日本軍と憲兵隊とによる軍事支配のもとでおこなわれた。韓国の民衆はこれに対して激しい抵抗をつづけた。

韓国における「国民的自覚」

この抵抗運動には、農村部に大きな基盤をもち朝鮮全土でおこった義兵運動と都市部を中心に展開された愛国啓蒙運動という二つの潮流をみることができる。

義兵運動の指導思想となったのは一般に「衛正斥邪《えいせいせきじゃ》思想」とよばれるものである。この思想は、がんらいはきわめて強い儒教的文明観に基礎をおくもので、中国と韓国の「人」に対して西洋人は「禽獣」であるとする「洋夷禽獣論」の主張をもっていた。そのため自分の文明の存続のためには、国家の存亡も度外視して「洋」やその手先になりはてた日本（倭）と絶対的に対決し、これを排除しなければならないとした。

しかし、この時期の義兵運動のなかでは少しずつ変化をみせている。一つは国際法への関心をよせはじめ、「国家としての自主の権を失わしめぬ」ようにしなければならないと主張しはじめている。もっともまだ「中華的意識」と分離したものではなく、「国権を復」することによって「華脈を保ち、人種を活《いか》」しうるという思想にうらづけられた「国権の確立」という意味あいで主張されていた。

もう一つは、「二千万同胞兄弟」「我東二千万同胞」などというよびかけが義兵の檄文《げきぶん》にみられるようになったことである。これは愛国啓蒙運動のなかではいっそう明白に主張された。「国家の成立」は「民族」全体の「団体集合」によるほかなく、どれほど多数の民族でも「団合の義と団合の力」がなくては「野蛮な一部落」にすぎず、国家としての存続を維持できないと強調した（吉野誠「朝鮮における民族運動の形成」前掲『講座世界史』3）。

伝統的な儒学の実学思想から出発しながら、西欧の「近代化」思想をも受け入れ、一八八〇年代には宮廷を通じて改革をはかろうとした開化思想とその政治活動を受けついだ愛国啓蒙運動は、多くの啓蒙団体を組織して、教育振興や殖産興業をかかげるとともに、愛国思想を訴えて国権回復のための実力を養成しようとする「自強運動」をくりひろげた。しかし、その思想はかなり多様で、近代文明の採用は不可避であり進歩の象徴であることを強調するあまり、国際法への楽観的な期待をよせ、さらにはアジアでその先頭をきっていると思われた日本を盟主とした「東洋主義」をとなえ、日本との同盟や保護国論やついには「合邦論」を生みだす傾向もあった。

このような傾向に対して、イギリス人A・T・ベセルが社主をつとめ治外法権を利用して反日的な論陣をはった『大韓毎日申報』で活躍した申采浩《シンチエホ》は、「力」の政治という世界政治の現実を冷静にみぬいて、そのなかでの「国権」の維持と「自強」とを重視した。このことによって政治と道徳とを分離し、「政治」としての「国民国家」を形成するための「国民思想」を育成しようとした。その一方で、彼は自国史の研究をすすめ、朝鮮民族史のなかから民族の固有の「活力」をみちびき出そうともした。そのため国粋主義的傾向や儒教的「忠君愛国」に価値を見出す傾向などが、「国民主義」と同居するという、雑多で未整合な主張をおこなうことにもなるが、他方で農民や義兵の蜂起とその指導者たちへの一定の評価もおこなった。彼がのちに民衆に目をむけていく素地が生まれはじめていたともいえる（趙景達「金玉均から申采浩へ」歴史学研究会編『講座世界史』7）。

いずれにせよ、この二つの潮流は思想的にも、現実の運動としてもかならずしも結びついてはいなかったが、韓国における民族主義・国民主義の形成の一つの過程とその苦悩を現していた。日本はこの韓国民衆の根強い反日蜂起と啓蒙運動を軍事力でおしつぶして、一九一〇年に韓国「併合」を強行し、完全な日本の植民地にした。ネルーのいう「にがい結果」を、朝鮮は「まず最初になめた」のだった。

「立憲制」と「帝国主義」

「一等国」日本自体も大きな矛盾をかかえこんでいた。イギリスやアメリカから巨額の資金援助を受け、政治的・軍事的なあとおしをえて、日本はかろうじてロシアとの戦争に「勝利」した。そして台湾に加えて、新たに南サハリン（南樺太）とさらには朝鮮半島とを完全な植民地とし、南満州を勢力範囲とする「帝国日本」に膨張した。また、戦争を契機に日本の資本主義は急速に発展した。とりわけ重工業の飛躍的な発展期をむかえた。ただ、その内容は政府需要の増大を背景とした軍需のための官業が圧倒的な地位を占め、戦後に成長する民間製鉄業でも、日本製鋼所が砲身製造を目的に設立されたところにみられるように、軍需工業化が中心的な位置を占めていた。そのためこの発展を長期にわたって維持しようとすれば、戦時に膨張した政府財政が戦後もひきつづき維持されねばならなか

「借金帝国」日本

った。

戦争二年目の一九〇五年（明治三十八）に四億二一〇〇万円だった国家財政は、戦後も膨張の一途をたどり、一九一〇年には五億六九〇〇万円になっている。政府はこの財源をさしあたって二つに求めた。

一つは戦時中の非常特別税の継続であり、酒税・砂糖消費税の増徴、タバコの値上げなど間接税の増加である。間接税の比重が大きくなるほど一般民衆の負担が大きくなる。もう一つはこれまた戦時中の継続で、外債の募集である。外債が累積しても、日本が対外貿易や海運業などで外貨を手にすることができればまだしも、この時期の日本経済にそのような力はなかった。だから在外正貨の不足は直接の外債、つまり外国からの借金によって補充する方法にたよることになる。この在外正貨を基礎にした日本の金本位制のもとで国内通貨は発行された。そして通貨が膨張すると必然的に物価もあがる。日露戦争でいっきにあがった物価は戦後直後一時的にやや低下したが、ふたたび戦前の水準にもどることはなかった。

外国資本の導入は、民間でもこの時期から飛躍的に増加した。日露戦争後から第一次世界大戦前まで、会社債のなかで内債よりも外債がはるかに大きな比重を占め、とくに財閥系の企業に集中した。技術導入とならんで外債に依存した財閥系の企業の拡大が、重工業分野での財閥の支配的地位をつくりあげていく。また、日本興業銀行などの特殊銀行が外国資本の導入に重要な役割を果たし、しかもこの銀行があつかった外国資本の多くが、大陸「経営」や植民地「経営」にふりむけられた。

戦後日本の外債総額は、戦争外債の一〇億四四六一万一〇〇〇円をふくめて一九一三年（大正二）までに国債・地方団体債・政府関係社債をあわせると総額二〇億三一三九万四〇〇〇円にも達した（高橋誠、前掲書参照）。また、この間の国民一人あたりの租税負担額は、五二一七円（一九〇四年）から八九一〇円（一九一三年）へと急増しており、戦時中よりもはげしい（安藤良雄、前掲書）。

世界的「軍拡」経済に組み込まれた日本

このような日露戦後の日本経済の骨格は、ひろくはイギリスをはじめとする大国の資本の動きとも密接に関係していた。ドイツやアメリカとのはげしい競争にさらされはじめたイギリスは、関税障壁による対抗措置をとったが、それに失敗するとますます軍備拡大に期待をよせると同時に、資本を輸出して、「後進的地域」に重工業の需要をつくりだし、その地域を独占的な市場として確保して利益をあげようとしはじめた。イギリスは植民地以外の諸外国の政府や地方自治体の公債に積極的に資本を投下した。日本はこのなかで第一位を占めていた。

フランスも、革命で動揺するロシアの弱体化をくいとめるためにロシアの軍備拡張と戦略的な鉄道建設に資本を投下すると同時に、日本も有利な投資先とみなすようになった。日露戦争後、フランスはイギリスとともに日本の公債の重要な担い手となった。日露戦争後着手される大都市の道路拡張・上下水道整備・電気ガス施設の整備あるいは港湾の整備修築など、地方自治体がおこなった都市の近代的条件整備事業の多くはこれらの資本に依存していた。

これらは日本を東アジア地域におけるより強力な軍事同盟国にそだてあげるということでも大きな意義をもっていた。全体として、日露戦争後の日本の資本主義の発展は「若々しい資本主義」の生命力の現れなどという単純なものではなく、しだいに対立を激しくさせつつ危機を深めていく世界資本主義の反革命的な体制の再編成と強化の過程の一部でもあった（後藤靖・佐々木隆爾・藤井松一『日本資本主義発達史』）。

都市の民衆暴動　戦争中、重税と物価騰貴で生活苦におちいっていた民衆は、日露講和条約がまったく賠償金もとれないということに、たちまち不満を爆発させた。

火つけ役を果たしたのは新聞だった。桂《かつら》内閣の御用機関紙『国民新聞』と政友会の準機関紙『中央新聞』以外の一般紙はこぞって不満の声をあげた。とくに『万朝報《よろずちょうほう》』や『大阪朝日新聞』をはじめ、大多数の新聞が講和条約の破棄を要求した。

これに呼応するかのように各地で講和反対の大衆集会が開かれた。なかでも東京ではかつて開戦論をあおった対露同志会を中心としたいくつかの団体が連合して講和問題同志連合会を名のり、九月五日に日比谷公園で国民大会を開催した。この集会を阻止しようとした警察と、集会に参加

図18　日比谷焼打ち事件（日露講和反対国民大会の群衆）

し集会後街頭にくりだした民衆との間に激しい衝突がおこった。東京市内の民衆暴動は、近衛師団と第一師団による軍事的な厳戒体制で、七日になってようやくおさえこまれた。

このいわゆる日比谷焼打ち事件をはじめ、講和反対集会は全国各地でおこった。集会はいずれも都市でひらかれ、数千人の規模の民衆が参加した。県民・市民・郡民・町民大会の名で決議をあげた数は一六五件にたっし、当時の衆議院議員選挙区の都市部五三市三区のうちで大衆集会がひらかれた確証がいまのところないのは金沢と佐賀の二つの市だけであるという（松尾尊兊『大正デモクラシー』）。

これらの講和反対運動や民衆暴動にはかなり複雑な性格がある。

第一に、参加した民衆の主力は、都市の職工や職人や力役労働者などいわば都市下層の勤労無産大衆である。この背景には資本主義の発達がもたらした職人層の分解や、農村部からの都市への人びとの流入などによるいわゆる細民・貧民の増加など、都市の近代的変貌の一側面を表わす現象が顕著になりはじめていたということもある。それとともに、戦時中の生活苦と「戦捷祝賀」行事からさえ排除されていたことへの下層民衆の不満が爆発したとみることができよう（前掲、能川泰治論文）。工場労働者たちが組織的ではなく無産大衆の一部として参加していることにも特徴がある。

第二に、この無産大衆にくわえて小商工業者やサラリーマン、学生たちなどいわば小ブルジョア層が広く参加していることも特徴の一つである。日比谷事件で被告となった三一一人のうち無産の下層大衆にはいるとみられる者が一六四人、この小ブルジョア層とでもいうべき者が九三人を数えるが、街頭の騒動には加わらなかったが大会に参加した人びとのなかには、この階層の者がかなり多かったであろうことも充分推定される。

第三に、全国的なこの運動に全体を通じた指導組織があったわけではないが、ほぼ共通して指導的な役割を演じたのが、新聞記者や弁護士、さらには地方によっては商業会議所や同業者組合に参加しているような商工業者たちであったことも注目される。

そして第四に最も大きな特徴は、運動のきっかけが講和によって獲得できたものの少なさにたいする不満であったということにみられるように、全体として「膨張主義」または「帝国主義」的性格を強くもっていたことである。しかし、この性格は運動が全国化し、権力による弾圧が強まっていくにつれて少しずつ変化がうまれ、最終的には「藩閥勢力」の「専制」に抗議する運動へとうつっていった。新聞の論調も九月の半ばを過ぎるころからは「非立憲内閣打倒」の主張に集中されていった。その結果、九月後半には講和の賛否ではなく藩閥桂内閣打倒の声が全国をおおうにいたった。この過程で、当初名をつらねていた黒竜会などは事実上脱落して、講和問題同志連合会の主導権は反藩閥を主張する政党人・弁護士・新聞記者などの側にうつっていった（松尾尊允、前掲書）。

このののち、都市民衆の暴動というかたちの民衆の不満の爆発が、国内政治の基盤を揺るがすという、一九一三年（大正二）の「大正政変」や一九一八年（大正七）の「米騒動」にいたるまで、日本の政治史の特徴ある時期が生み出されていった。

軍工廠職工のストライキ

一方、戦時中きわめて過酷な長時間労働をしいられていた軍需工場の労働者たちは、戦争が終わると新たな困難に直面した。このことを最も典型的にしめしている一つの事例が呉海軍工廠《こうしょう》の一九〇六年（明治三十九）の大争議である。

呉海軍工廠では、日露戦争中とにもかくにも増産体制を維持していくために、「請負加給制」をとっていた。それを戦争が終わって一九〇六年の夏、停止する方針を造兵部長が発表した。戦後の不況と物価騰貴に苦しめられていた職工たちにとってこれは大きな収入減となるためたちまち大問題となり、不満が爆発した。争議が自然発生的に各工場棟ごとにはじまり、ついには三日間のストライキとなった。工廠側は海兵団の衛兵までも動員して暴動化する争議の警備にあたらせた。この争議では結局工廠側が日給割増金を支給することになり、職工側はいちおう「勝利」したことになる。しかし、この争議では、戦前の一九〇二年（明治三十五）におこり日本ではじめて軍隊がでて鎮圧した同じ呉海軍工廠でのストライキの場合とはちがって、争議をおこした職工たちが組長や職工長に瓦や石を投げつけるなど、上級職工と一般職工との間にすでに大きな溝があることが表面化した。新しい労務管理体制が浸透しはじめていることの現れだった（前掲

『広島県史』近代Ⅰ、通史Ⅴ参照)。

このほかにも官営軍需工場では大規模なストライキが波状的におこり、翌年には造船所や鉱山などでも大きな争議がおこった。足尾銅山の大争議には軍隊が出動した。これらの動きをつうじて、労働者の争議はしだいに地域の枠をこえて全国的な階級的結合をとげていく基盤をつくりあげていくことになるが、その際に重要な役割を果たすべき社会主義者たちの活動はいちはやく弾圧を受けており、また彼ら内部の対立もあってそのまま発展していくことにはならなかった。労働者たちの最初の全国組織は一九一二年(明治四十五)の鈴木文治《ぶんじ》らが設立した労資協調主義の相互扶助団体である友愛会として出発した。

しかもこれら近代工場労働者の比重はなお小さく、都市住民の多くは職人層として存在していたから、彼らが都市民衆運動の主力の一つとして騒擾《そうじょう》事件にも登場した。

「国民主義的対外硬派」

それにしても、下層民衆が政治問題について激しい行動をみせはじめたことは新しい大きな変化であった。この動きに組織的な対応をこころみはじめた講和問題同志連合会に結集した、あるいはそれに近い政治思想をもった人びとのグループを宮地正人氏は「国民主義的対外硬派」となづけた(同著『日露戦後政治史の研究』)。その中核的な担い手たちは、明治の二十年代から三十年代に青年期をおくり、「帝国主義的要素を根づよくもった日本ナショナリズムの高揚を満身に浴びていた」世代であり、日本の大陸への膨張を無条件で支持し、推進する立場をとった。そのうえで彼らの新しさは、これまでの政党には吸収されなかった膨大な人びと、とくに活発な活動をみせはじめた都市の無産大衆を、「民衆」あるいは「国民」としてとらえ、彼らのエネルギーと政治的意義を認め、「国家の底辺を拡大」させ、それによって「国家の基礎」を「強化」することこそ重要な課題だとしたことである。

　このため彼らは、第一に「立憲制の確立」を、第二にそれを通じて対外発展のための「国民的力量」を結集すること、第三にこの力の成長をさまたげる政府の軍事偏重・民力圧迫の財政・経済政策に反対すること、ここから藩閥政府に対する厳しい批判の政治姿勢が生まれ、藩閥政府と妥協的な既成政党に反対し、政界刷新をスローガンに「国民的基盤」をもった新政党の樹立をめざすというような特徴をもっていたという。

　講和問題同志連合会は一九〇五年（明治三十八）の十月に国民倶楽部に改組し、その設立趣旨草案を発表した。そこには「抑輓近《そもばんきん》列国競争の局面を支配する二大潮流あり。此に順《したが》ふものは興《おこ》り此に逆ふものは衰《おとろ》ふ。二大潮流とは他なし。其一は則ち立憲主義にして其二は則ち帝国主義なり。而して此二主義は併行れて相悖《もと》るものに非ず。即ち内《うちに》立憲主義を取り外《そとに》帝国主義を行ひ、表裏相須《ま》ちて始めて方今の大勢に応ずべし。顧《おも》ふに此二主義は国民的自覚に発して国民的自信に立ち国民的活動に依りて大成するものなり、彼の閥族の政柄《せいへい》を擅私《せんし》するが如き、党人の私利是れ事とするが如き、因《もと》より国民的に非ず」と述べられていた。ここに彼らの思想が集約的に表明されている。

もともと「立憲制」と「帝国主義」とは原理的にも対立するものではない。むしろ西欧の侵略主義と大国主義・帝国主義といわれる現実は、「立憲制」のもとで効果的に「国民的基盤」をひろげ、いっそう広汎に「国民」を組織し動員する制度的枠組みの上で成長してきたものであるともいえる。

もちろんこの時期に藩閥政府を批判し、「立憲制の確立」を国内政治の基礎にすえることを要求したことの意味は大きい。それにもかかわらず一方ですでにみたように日露戦争の勝利を謳歌し、「一等国」意識を育成しようとする動きの根本的な批判にはなりえないどころか、この主張はむしろその基盤を拡大・定着させる役割を果たすことにもなる。

国際社会と国家と個人

『万国平和論』　日露戦争で最も激しい戦闘を演じ、多くの犠牲者を出した旅順《りよじゆん》攻略軍である第三軍の司令部に国際法顧問として加わった兵藤三郎は、戦後の一九〇七年(明治四十)六月にハーグで第二回万国平和会議が開かれるのを機会に、参謀本部を辞職して『万国平和論』を刊行した(東洋平和協会出版部、一九〇七年十一月)。

この本を出そうと思い立った事情について、彼は序文のなかでおおよそつぎのように述べている。

私は、つねづね「戦争なるものは畢竟《ひつきよう》文明人類に適当の行為」かどうか疑いをもっていた。参謀本部に勤務して「軍に従ひ面《ま》のあたり戦場の光景に接」して、私の「信念遂に牢乎《ろうこ》として抜くへからさるに至」った。そこで「第二回万国平和会議の開催あるに当たり決然官を辞して本書を著はし将《まさ》に一大平和協会の創立に従事」しようと決意した。「今日の学者、政治家」や「文明国民」は、「戦時公法の改善」や「赤十字事業の発達」で満足してはならない。戦時公法の改善や赤十字事業は戦争の惨害がすでに起こってしまった後、その「惨害」を「緩和」するにすぎない。また、従来の「万国平和会議」や「平和協会」が目標とする「軍備縮少、仲裁裁判等」のような「浅薄姑息《せんぱくこそく》」な方法では戦争を「絶止」できない。私は歴史の発展の「実蹟」に照らして「万国平和」は「空想」ではないと思う。要はこれを実現する「慎重緻密」な「多年の準備」と「公明正大」で「輿論の基礎上に構成せる確乎たる実施方案」が必要なのである。「各国の独立自主を毀損」しない範囲で、「現今の統紀なき国際関係を改造」し、これを「意思あり能力ある系統的組織」とすることである。「万国平和」は「一部の宗教家、社会主義者等」に任せておける「閑問題」ではなく、「全世界及び各国各人の利害休戚と密接の関係ある、絶大の実地問題」である。心ある人びとはこの問題に「真《しん》摯《し》の態度」をもってのぞみ「我か帝国をして之か解釈に関し世界に於て光輝ある地位を占むるに至らしめんことを」訴えたい。

この本は、戦争の概念、戦争の起因、戦争の利害、世界的理想、武力的世界統一策、国際の現状、万国平和思想の沿革、万国平和に関する誤謬《ごびゅう》の思想、海牙《ハーグ》万国平和会議、万国平和の大勢、万国平和の利益、万国平和策という一二の章で構成されている。結論にあたる第一二章の「万国平和策」で彼が提案しているのは、国際社会に「国際中央機関」をおき、その機関は「委任制度の委員組織」とし、「職員の資格・権限」は「条約」を改正するのでなければ「変更できない」。この組織の「中心機関」は、国際総督府、国際法院、国際議会の三機関とし、国際総督府はほぼ国内行政機関をそのまま国際規模に拡大した諸機関で、国際陸軍軍政・国際海軍軍政に各長官と国際陸海軍をおく。その軍事力は各国が負担し、世界を一二の「管区」に区分して管轄下におく。もちろん各国独自の軍備は廃止する。「国際中央機関」の経費は、各国の「財力に比例」して負担する。そして「軍事」以外は各国の内政に干渉しないもので、「世界的大国家組織」ではない。

私のこの提案にたいして「国家の主権は何等《なんら》の制限を許さ」ないもので、それぞれの国家の「兵権を束縛」し、国際陸海軍の力で「国際司法権」の決定に「服従」させるのは「国家主権の制限」だという反対論が生まれるだろう。あるいは国際「仲裁裁判」を受けることを「義務」づけることにも、同じような反対論がおこるだろう。しかし、そういう議論に対しては、そもそも「主権」というものは、そのなかに「主権」の「実質の一部若《も》しくは全部を他に委任し又は自ら其の権力を制限するの権利を包含する」のだということを示せば充分だと考えている。つまり「国家が任意」にむすぶ条約は、そもそも「主権の発動の制限」をおこなっているものやその「独立自主」に「害なきもの」が少なくない。たとえば、戦時公法、仲裁裁判、犯罪人引渡、税率などについて現にさまざまな条約を各国はむすんでいるではないか。それは「列国共存の必要上、国家自ら」が自国の「主権」をある程度「制限」しているのである。だとすれば各国が「任意」に他の国家と条約をむすびあって「国際中央機関」をおき、これに一定の権限を「委任」し、その「正当」な「行使」に従い、遵守《じゅんしゅ》しないものに制裁を加えることを条約で確定することがどうして「主権の侵害」にあたるだろうか。こういうことを認めないで、いたずらに「国家主権」だけを強調して結局は各国を「和戦の間に彷徨し興廃の危機」をまねく状態におくことこそ「祖国に忠なる所以《ゆえん》を知らさる」ものというべきである。

最後にこのような提案は「実行し得へからさるもの」という議論に対して、彼は、奴隷の解放、コロンブスの航海による地球球形説の実証などの例をあげて、人類はその時々に多くの「実行不可能」とした「俗説」をしりぞけて、新たな理想や理論を自分のものにしてきたではないかと反論して、この本のむすびとしている。

「国際社会」と「主権国家」

兵藤のこの提案は、理論的にも実際的にも多くの未熟さをもっている。しかし、ここには重要な考え方が示されていることに注目しておく必要がある。

その要点はすでに紹介した部分からも明らかである。

十九世紀にほぼ全世界をおおった一般に「西欧国際体系」といわれる国際秩序の原理は国家主権と国際法と勢力均衡という三つの要素でかたちづくられているとされている。その場合重要なことはこの三つはバラバラによせあつめられたものではなく、たがいに分離できない一つの仕組みであるということである。いいかえるとどの国家の「主権」も、それだけで孤立して存在しているのではなく、この全体の仕組みをかたちづくる一部としてのみ存在できるのであり、この仕組み全体をつくりあげている一定のルールに従って、はじめてどの国家も主権をもち、それを行使できるのである。その意味で国家主権は「絶対的」なものではなく、もともと一定の「制約」を受けることを前提としている。

ところが、この「西欧国際体系」が十九世紀半ばに東アジア世界もふくめて全世界をつつみこむ過程で、欧米の「文明国」とされた地域とは異なる地域にもおよぼされてきたとき、彼らから「野蛮」あるいは「未開」とみなされた地域では、それぞれの地域の住民や「国家」は、この仕組みのなかで「国家主権」をもち、それを行使できるものとはみなされず、従属させられたり植民地とされるというかたちで、「国家主権」をもつ「文明国」のもっぱら「分割」の対象とされてしまった。それにともなって「文明国」の間では「国家主権」の「絶対性」だけが一面的に強調される傾向を強めた。

そのために仕組み全体をつくりあげているはずのルールは軽視され、各国とりわけ「列強」とよばれたいくつかの大国がその植民地や勢力範囲を拡大するためにとるさまざまな「無法」ともいうべき「手段」が正当化されさえした。アフリカ分割をめぐる問題のなかで述べた「先占」の法理などはその典型的な現れである。同時に、列強がたがいの「国利国権」を争って、ついには戦争に訴えることも「国家主権」の「正当な行使」であるとされた。

しかし、他方でこの国際社会の仕組み全体のルールをいっそう発展させ、国家間の紛争の解決を戦争にうったえることなく「永久平和のための国際組織」をきずく思想と論理とをつくりあげようとする試みは、この国際社会の仕組みが生まれはじめたときからつづけられてもいた。また、ただちに「永久平和」とはいかないまでも、個別の国際的な紛争について関係各国が協議して一定の解決をもたらすために国際会議がしばしば開かれた（もっともこの場合、多くは列強の利害を従属的・植民地的地域に犠牲をしいることで解決することが多かったことはすでにみたとおりだが）。また、世界的な規模に発展した資本主義経済を基礎におこなわれる経済活動から必然的に生まれる、人や物や資本の移動を安定的におこなうためのルールをつくってもきた。その意味で、国際社会全体の仕組みの基礎となるルールそのものがなくなってしまうことは本来的にありえなかった（小林啓治「近代国際社会から現代国際社会への変容についての一試論」歴史と方法編集委員会編『歴史と方法』1、日本史における公と私）。

このような視点から兵藤の議論をみると、日露戦争という過酷な戦場の体験を基礎に展開した『万国平和論』は、具体的な国際組織の提案内容の可否は別にしても、考え方自体は本来の国際社会の仕組みのルールにそくした思想の営みの一つであったことにまちがいない。日露戦争に際して絶対的な非戦論の論陣をはった内村鑑三《かんぞう》が、一九一〇年（明治四十三）に「基督《キリスト》教と法律問題」（『聖書の研究』一一九号）で、「茲《ここ》に猶《な》ほ法律上の最大問題の解決が残つて居る、それは国際的戦争廃止の問題である」として、「法律最後の勝利は戦争廃止に於てある」と述べたことにもつながる。

幸徳秋水《こうとくしゅうすい》や堺利彦《としひこ》らの社会主義の立場からする反戦論は、資本主義的社会制度をうちたおして社会主義をきずくことに戦争廃止の可能性を見出したが、国際社会の仕組みのルールの変革そのものについての提案はない。自国のとるべき対外政策路線について労働者階級の国際的連帯に問題解決の展望を見出し、また実際にそのような活動を展開もした（『週刊平民新聞』に論説「与露国社会党書」を掲載したり、片山潜《せん》が第二インターナショナルのアムステルダム大会に参加してロシアの代表プレハーノフと「反戦」を誓って交歓したことなど）。それはそれで偏狭な「ナショナリズム」にとらわれない思想と行動の営みとしての意義は小さくはない。しかし、国際社会全体が直面していた仕組みの変革という問題は、それ自体として独自に追求しなければならない課題であった。これに応えようとする提案が、日露戦争を経験するなかで、国際社会がもっている本来的な仕組みの基礎理論をふまえて、日本人によっても改めて提起されていることは注目されてよい。

「国民国家」の落とし穴

オックスフォード大学で社会政策と植民政策を学んで帰国し、早稲田大学教授となった永井柳《りゅう》太郎《たろう》は、『中央公論』の一九一三年一月号に「支那人に代りて日本人を嘲《あざけ》る文」を書いた。彼はそこで清国におこった辛亥《しんがい》革命についてつぎのように論じた。

抑《そもそ》も日本人にして真に能《よ》く今回の支那革命の真意を解せる者果して幾何《いくばく》かある……一言以て之れを蔽《おお》へば国家を以て国民の国家なりとせんとする運動に外ならず……今回の革命たるや其主眼とする所決して王朝の変更の如き小事に非ず、其政治制度を根本より改革して、彼の波斯《ペルシャ》、土耳古《トルコ》等に於ける革命と同じく、支那を以て支那人の支那と為さんとする運動也。少なくとも国民的自覚より来れる思想上の一大産物也。嗚呼《ああ》此世界的思潮、自主的精神、此高大なる思想を真に了解し得たるもの日本人中果して幾人かある。請ふ之れを日本の現状に見よ……何処にか日本人の日本あらんや……支那の革命に際しては日本の志士倉皇《そうこう》として彼地に赴き、以て之れが応援を為すべく奔馳《ほんち》せりと聞く。吾人はかゝる人士が支那の国民的運動を助くる以前、先づ其母国たる日本の国民的運動を喚起し……日本を以て日本人の日本とすることに努力し、かの日本を以て閥族の手に独占せんとせる輩を放逐せんことを希《ねが》はざるを得ず……。国家の大事の如きさへ、稍《やや》もすれば元老の一言に依りて定まるが如き憫《あわれ》むべき状態に在り。

革命直後なお騒乱あとをたたず、列強の介入のなかで中国の革命は失敗しつつあるというものがあるが、「これ革命の過に非ずして、時代の罪也。十九世紀末よりは帝国主義の思想大《おお》いに勃興し、世は再び弱肉強食の修羅場と化し、列国今や尺寸の地をも争ひ、太平洋中の零細なる珊瑚島に至るまで之れを争奪しつゝある」「時代の罪」である。このことを知らないで、半世紀前に成功した明治維新と今回の中国の革命の「皮相」なる比較をなし、日本人を誇り、中国人を冷笑するものは「是れ亦会々《たまたま》日本人が時代の精神を解するに無智なるを表明するに過ぎず」と。

ここには、先に述べた国際社会の仕組みのなかで、従属的地位や植民地とされた地域の住民や国家が、「国民的自覚」を基礎に「国家を以て国民の国家」とすることへの熱い共感が表明されている。それを妨げているのが「帝国主義」の「世界政策」の遂行であることへの批判もおこなわれている。それにもかかわらず、すでに述べたように日露戦争以前からさまざまに苦悩し、「主権」をもつ「国家」として国際社会に参画しようとしてきたさまざまな地域の住民や国々の試みについては、必ずしも目が向いてはいない。とりわけ日本との関係の深い近隣諸国への目がどれほど向けられていたかは疑わしい。ほんの二年余り前に日本が韓国を「併合」してしまっていることには一言もふれていない。清国の一部である満州を勢力範囲として独占的に支配しようとしていることについても触れない。一般的な「帝国主義時代」への批判にとどまっている。そして、主張の重点はもっぱら日本自体が「国家を以て国民の国家」とできていないことへの批判にある。この指摘が重要でないわけではない。しかし、ここから当然うまれてくるであろう「立憲政治確立」の主張は、必ずしも自国の「帝国主義的」対外政策批判にそのままではむすびつかない。

戦後日本の為政者たちは、「日露戦争の勝利」を誇り、「一等国」日本たる「国民的意識」の高揚につとめている。民衆意識のなかにもそれが浸透し、「勝利」のためにつくしたからこそ、自分たちにも「国政」に「参加」する「権利」が当然保障されるべきだという感情が、「民衆騒擾」となって暴発もする。この民衆のエネルギーを「政治的力」に組織しようとして形成されてきたのが「国民主義的対外硬派」でもあり、永井のいう「国家を以て国民の国家」とするべく「藩閥政府」を批判し、「立憲政治」の確立を要求するという運動をくりひろげることにもなっている。画一的な「国民意識」がひろげられ、それによって国民が「統合」されればされるほど、かえって「帝国」意識が強められていくというやっかいな事態に直面していたのが、この時代の日本でもあった。永井自身も一九一二年（大正元）十二月には『社会問題と植民問題』を著し、深刻な社会問題の解決のために「植民的成功の要件」を論じている。

「国民国家」の論理の一面的な強調には、すでに他国を支配下においている国民の「国家」のなかで、この事実に目を向けることを忘れると、「国民」全体が「国益」論にからめとられ、「国家主権」の「絶対化」を強調して、結局は「帝国主義」政策の遂行をおしすすめる基盤の強化にもなるという「落とし穴」があった。

とはいえ、他方で過酷な戦争に生活のすべてをおしひしがれ、多数の命を奪われ、戦後にも容易に生活苦から解放されない国民の側には、個人とその生活と権利の基盤から、あらためて「国家」とはなにかを問いなおす問題意識も着実に成長しはじめていた。

国家と個人

与謝野晶子が「君死にたまふこと勿《なか》れ」を戦時下に発表し、「国賊」との非難にたいして「ひらきぶみ」で反論を加えたのは、その現れの一つであった。

この時期の日本の超エリート層を育てる第一高等学校の学生たちの「思潮」がどのようなものであったかを、菅井凰展氏が一高校友会の機関誌『校友会雑誌』の分析を通じて明らかにしている（菅井凰展「明治後期における第一高等学校学生の思潮」坂野潤治他編『シリーズ日本近現代史』2）。それによると日露戦争開戦前の時期から、一高生のなかには日清戦争期とは異なって国家主義的「悲憤慷慨《ひふんこうがい》派」の横行に対する反省がうまれ、「人生とは？」の疑問をいだく「瞑想懐疑派」の学生がふえはじめた。ちなみに在校生藤村操《みさお》が「巌頭《がんとう》の感」の一文を残して、日光の華厳の滝に投身自殺したのは一九〇三年（明治三十六）五月二十二日のことだった。

そして日露戦争期。一時は強国ロシアとの戦いに目をひきつけられるかにみえたが、学生たちの「個我意識」を眠りこませることにはならなかった。個の尊厳を何にもまして重視する個人主義を主張し、「忠孝道徳」の「偽善性」に批判の目をむけ、「国家と個人との分裂が自覚されはじめた時期」であったという。『校友会雑誌』に掲載された主な論説や論文のなかで、日露戦争を肯定的にあつかったのはただ一つで、むしろ批判的・非戦論的論調が主流を占めていた。直接に日露戦争を論じた安倍能成《よししげ》の「友に与ふるの書」はトルストイの非戦論に感動し、人道主義的立場からの非戦論を展開したものだった。北島葭江《よしえ》の「故郷より都の友へ送るの書」もトルストイの影響を強く受け、いっそう徹底した非戦を唱えていた。「国家には人に剣を貸し砲を与へて」「野獣の如く戦はしむるの権利などない」と抗議し、「征露歌党」の学友に対して「吾人は戦を叫ばん蛮勇あらんよりも恋愛を叫ばん優柔あらんを欲す」と反論し、「嗚呼《ああ》戦よ、戦よ、吾れは此世の総てに越えて汝の名を悪《にく》み、汝の罪を怒る」と結んでいる。戦後の一九〇六年（明治三十九）、校長に就任した新渡戸稲造《にとべいなぞう》は、こういう学生たちを「膨張的日本国家の指導者」に育成することをめざし、「人格的帝国主義」の道をとるように学生に精力的に働きかけた。それが学生たちに一定の影響をあたえ、かなりの成果をおさめたことも否定できないが、全体として学生たちの精神の動向は「多岐な傾向に分化しはじめたところにその特徴がみとめられる」という。

戦時中から『吾輩は猫である』を書きはじめていた夏目漱石は、講和の翌年に書いた最終章のなかで、「昔は御上の御威光なら何でも出来た時代です。其次には御上の御威光でも出来ないものが出来てくる時代です。今の世はいかに殿下でも閣下でも、ある程度以上に個人の人格の上にのしかゝる事が出来ない世の中です。はげしく云へば先方に権力があればある程、のしかゝられるものゝ方では不愉快に感じて反抗する世の中です。だから今の世は昔しと違つて、御上の御威光だから出来ないのだと云ふ新現象のあらはれる時代です」と書いた。

平塚明子が「家」におしひしがれた体験をへて、「元始、女性は太陽であつた」と雑誌『青《せい》鞜《とう》』を発刊したのは一九一一年（明治四十四）の九月のことである。その賛助会員となった与謝野晶子は、同じ年の『太陽』の一月号に「婦人と思想」を掲載して、「日露の大戦争に於て敵味方とも多くの生霊と財力とを失つたと云ふ如き目前の大事業に就《つい》ても、日本の男子は唯その勝利を見て、かの戦争に如何《いか》なる意義があつたか、如何なる効果をかの戦争の犠牲に由つて持ち来したか、戦争の名は如何様に美しかつたにせよ、真実を云へば世界の文明の中心思想に縁遠い野蛮性の発揮では無かつたか、と云ふ様な細心の反省と批判とを徐《おもむ》ろに考へる人は少いのである。専制時代、神権万能時代にあつては、我々は少数の先覚者や権力者に屈従し其命令の儘《まま》に器械の如く働けばよかつたのであるが、思想言論の自由を許されたる今日に、各個の人が自己の権利を正当に使用しないのは文明人の心掛に背いたことである」と書き、とりわけ婦人の「自負が欲しいと思ふ」と訴えた。

日露戦争を前後する「時代」は、国際社会と国家と個人とをめぐって、複雑で多様な問題がますますあらわになり、あらたな世紀にさしかかる過渡的時代であった。しかし、ここでみたような新しい時代への歩みがその着実な第一歩を大胆にしるしはじめるには、よりいっそう悲惨な第一次世界大戦をへなければならなかった。日本の民衆もそのなかでさらに大きな飛躍の一歩を歩みはじめることになる。だが、もちろんその歩みは決して平坦でもなければ、まっすぐでもなかった。

『万朝報』一九〇一年（明治三十四）一月一日の論説に、幸徳秋水は「二十世紀を迎ふ」と題して冒頭でつぎのように書いていた。

嗚呼《ああ》二十世紀、吾人は世界人類をして、速《すみや》かに文明進歩の理想目的を達するを得て、完全なる自由、平等、博愛の福利を享《う》けしめんが為めに、早く汝《なんじ》二十世紀の来《きた》らんことを希《こいねが》へりき、而して今や汝の来るに遭《あ》ふ、汝果して能《よ》く吾人の希望に副《そ》ふべき乎《か》

いま、われわれは二一世紀を迎えようとしている。二〇〇一年の一月一日に、われわれは何を書くことができるだろうか。書かねばならないだろうか。

二〇世紀にわれわれが抱え込んだ課題はどういうものか、われわれはそれにどこまで解決の方途と能力とを手にしてきたろうか。迂遠《うえん》なようだが、いま一度、一九世紀から二〇世紀への転換期に立ちもどり、改めて考えなおしてみることが必要な時期にさしかかっている。

あとがき

吉川弘文館の永滝稔氏から、「日露戦争とその時代」というようなテーマで書いてみないかとのお話をいただいたのはかなり以前だったが、改めてこの『歴史文化ライブラリー』の一冊として書くようにお薦めいただき、お引き受けしたのは一九九四年十月だった。

私が日本の近代史について学びはじめたのは、一九六〇年代前半である。この時期は、日露戦争史研究についていえば一つの過渡期を迎えはじめていた。戦後、一九六〇年代までの研究は、戦前の研究や論争の延長線上にあって、この戦争に賭けた日本の戦争目的や戦争への道を主導した政治勢力をめぐる研究と論争とを中心に、この戦争をどのような意味で「帝国主義戦争」というのか、あるいは「絶対主義戦争」というのかなどが論争の的になっていた。このような研究状況の次元を引き上げることをめざして、一九六〇年代前半にとくに強調されたのは、国際的な政治過程の一環としてこの戦争を位置づけて論点を再検討し、ひいては日本の近代史像全体をこの観点から再構成しようという方法論の提起だった。このことを最も多く学ばせてくれたのは、私の属した学会である日本史研究会の近代史部会や民主主義科学者協会京都支部歴史部会の多くの先輩や仲間たちであった。以後ずっと私の関心の中心にあったのは、日清・日露戦争期の日本の対外関係、とくに東アジア世界の中での日本の政治的な位置や役割についてであった。

一九七〇年代以降、日露戦争に関する歴史研究は大きく変わり、飛躍的に発展した。その第一は、本書でも再三依拠させていただいた大江志乃夫氏の一連の精力的な研究に代表される軍事史研究（狭い意味での軍事に限らず、兵士たちの意識にまで踏み込んだ）である。第二は、本格化しはじめた日本の植民地支配研究、とりわけ朝鮮史研究の成果にもとづく日露戦争から韓国「併合」にいたる歴史過程の研究である。第三は、民衆史の研究である。特に、民衆の意識や思想の研究は日露戦争期の研究にも新たな論点を数多く提起した。

もっとも、この間にも日露戦争は「専制ロシア」に対する「立憲国日本」の勝利であり、アジアに対する西欧の支配を打ち破った戦争だという議論は存在しつづけ、歴史教科書ではこの戦争の勝利によって日本の「国際的な地位が向上した」と叙述する傾向も根強く残っていた。

そこで執筆をお引き受けしたのを機会に、私がこの本で描こうと思ったのは、第一に一九世紀末から二〇世紀はじめのころの世界政治の姿と東アジア世界が直面した課題、その中で日本が歩んだ道とそのもつ意味、第二に一九七〇年代以降の研究成果を組み込み、私なりの日露戦争期の時代像を描くことであった。しかし、私の力不足と大学をめぐる今日の諸事情からくるさまざまな仕事などで、作業はなかなか進まなかった。ともすれば遅れがちな私に、永滝氏はとにかく少しずつでも書きすすめて、できた部分だけでも送って来るようにと励ましてくださった。一応書き終えたときには、原稿量は与えられた分量の一・五倍余にまでふくれ上がってしまっていた。言い訳にしかならないが、理由がないわけではなかった。書き進めているちょうどその時期から、またも、日露戦争は「偉大な祖国防衛戦争だった」とか、西欧強国に圧迫されていたアジア世界に「解放」の「先鞭」を告げた戦争だったという議論が声高に唱えられ始めたので、これに対する批判をも含めて書くべきだと考えたからである。

しかし、余りに超過して、これではとうてい企画に合わないのでできるだけ縮めてみたが、結局かなりの分量オーバーになってしまった。そのため吉川弘文館にご迷惑をおかけし、読者の方々にとってもずいぶん読みづらいものになってしまった。そのうえ、必ずしも整理されたかたちで日露戦争期の時代像を描き出せていないと思う。それどころか研究蓄積の大きい日本のこの時期の経済構造との関連から、この戦争をとらえることについてはいっさいしていない。また、「日露戦争史像」の「歴史」については、課題を自分なりに自覚したにとどまっていて、ごく部分的にほんの見通ししか書けていない。そのほか、今後検討すべき課題にしても説明不足であったり、考察自体が未熟である点も多いと思う。最近の研究動向をふまえた新たな分析視角などを提起しえてもいないであろう。それでも日露戦争期の「時代像」を考えるための素材を読み取っていただければ幸いであるが、これは読者諸氏の率直なご批判とご叱声にゆだねるほかない。

ところで、本書には、A・A・ケルスノフスキーの『ロシア陸軍史』第三巻（モスクワ、一九九四年）からの挿絵を一部掲載した。これを教えてくださったのは、職場を同じくする同僚の橋本伸也氏である。氏は、さらにロシア科学アカデミー東洋文献出版社から出ている韓国（朝鮮）学叢書中にパク・チョンヒョ著『一九〇四〜一九〇五年の日露戦争と韓国』が、一九九七年に刊行されたということで、ロシア語のまったくできない私のために、最近、そのうちのいくつかの章をわざわざ訳出してもくださった。お礼を申し上げるとともに、教えてくださった最新のロシアにおける日露戦争史研究の動向やそこで明らかにされてきている新しい事実をふまえて日露戦争史像を検討していくことも、今後の私の課題にしなければならないと思っている。

それにしてもようやく出版にこぎつけたのは、ひとえに辛抱強く待ち、励ましてくださった編集部の永滝氏と製作のご苦労をくださった杉原珠海氏のお陰である。末尾になったが、心からお礼を申し上げる。

一九九八年四月七日

著　者

著者紹介

一九四〇年、京都府生まれ
一九六三年、京都大学文学部史学科卒業
現在京都府立大学文学部教授

主要著書

シンポジウム日本歴史19日本の帝国主義〈共著〉
南京事件・京都師団関係資料集〈共編著〉
近代日本の軌跡3日清・日露戦争〈編著〉
ブックレット朝鮮・中国と帝国日本

歴史文化ライブラリー
41

日露戦争の時代

一九九八年六月一日　第一刷発行

著　者　井《い》口《ぐち》和《かず》起《き》
発行者　吉川圭三
発行所　株式会社 吉川弘文館
東京都文京区本郷七丁目二番八号
郵便番号一一三－〇〇三三
電話〇三－三八一三－九一五一〈代表〉
振替口座〇〇一〇〇－五－二四四
印刷＝平文社　製本＝ナショナル製本
装幀＝山崎　登（日本デザインセンター）

歴史文化ライブラリー

1996.10

刊行のことば

現今の日本および国際社会は、さまざまな面で大変動の時代を迎えておりますが、近づきつつある二十一世紀は人類史の到達点として、物質的な繁栄のみならず文化や自然・社会環境を謳歌できる平和な社会でなければなりません。しかしながら高度成長・技術革新にともなう急激な変貌は「自己本位な刹那主義」の風潮を生みだし、先人が築いてきた歴史や文化に学ぶ余裕もなく、いまだ明るい人類の将来が展望できていないようにも見えます。このような状況を踏まえ、よりよい二十一世紀社会を築くために、人類誕生から現在に至る「人類の遺産・教訓」としてのあらゆる分野の歴史と文化を「歴史文化ライブラリー」として刊行することといたしました。

小社は、安政四年(一八五七)の創業以来、一貫して歴史学を中心とした専門出版社として書籍を刊行しつづけてまいりました。その経験を生かし、学問成果にもとづいた本叢書を刊行し社会的要請に応えて行きたいと考えております。

現代は、マスメディアが発達した高度情報化社会といわれますが、私どもはあくまでも活字を主体とした出版こそ、ものの本質を考える基礎と信じ、本叢書をとおして社会に訴えてまいりたいと思います。これから生まれでる一冊一冊が、それぞれの読者を知的冒険の旅へと誘い、希望に満ちた人類の未来を構築する糧となれば幸いです。

吉川弘文館

〈オンデマンド版〉
日露戦争の時代

歴史文化ライブラリー
41

2017年（平成29）10月1日　発行

著　者　井《い》口《ぐち》和《かず》起《き》
発行者　吉川道郎
発行所　株式会社　吉川弘文館
〒113-0033　東京都文京区本郷7丁目2番8号
TEL　03-3813-9151〈代表〉
URL　http://www.yoshikawa-k.co.jp/

印刷・製本　大日本印刷株式会社
装　幀　清水良洋・宮崎萌美

井口和起（1940〜）

ISBN978-4-642-75441-5